Et derrière les nuages

Pascale Perrier

Et derrière les nuages

Worterklärungen von
Laure Boivin

nature
Narrateur
Leila

Ernst Klett Sprachen
Stuttgart

1. Auflage 1 6 5 4 3 2 | 2028 27 26 25 24

Alle Drucke dieser Auflage sind unverändert und können im Unterricht nebeneinander verwendet werden.
Die letzte Zahl bezeichnet das Jahr des Druckes.
www.klett-sprachen.de

Worterklärungen von Laure Boivin

Redaktion: Anne-Sophie Guirlet-Klotz
Layoutkonzeption: Elmar Feuerbach
Gestaltung und Satz: Joachim Schrimm, bostext, 71292 Friolzheim
Umschlaggestaltung: Andreas Drabarek
Titelbild: Shutterstock (ST-art), New York
Bild S. 136: © Laure Salamon
Druck und Bindung: Plump Druck & Medien GmbH, Rheinbreitbach

Printed in Germany
ISBN 978-3-12-597373-2

PEFC
Förderung nachhaltiger Waldbewirtschaftung
PEFC/04-31-3752
www.pefc.de

Table des matières

Pour Anna V.
parce que l'amour des livres et l'amour
de la montagne sont de la même veine :
une force qui nous pousse
plus loin, plus fort, plus beau.
Même si elle cabosse parfois.
Merci à toi de ta passion,
merci de me l'avoir fait connaître.

3 **de la même veine** de la même sorte – 6 **cabosser** *fam ici :* blesser

Au début, je rôdais autour de ce cahier sans oser l'ouvrir. Du bout des yeux, je regardais les papiers qui dépassaient, tickets de train ou factures, petits souvenirs épars. Tout ce temps, j'ai résisté à parcourir le contenu.

Et puis un jour, il m'a permis de le lire. Dix ans pile après, quand on s'est revus. Le 12 août à 19h49, on était là tous les deux, à la fois anxieux et heureux de se retrouver. C'est là que je lui ai demandé s'il voulait le récupérer.

– Tu en fais ce que tu veux, m'a-t-il dit. Pour moi, c'est de l'histoire ancienne.

J'ai rangé le journal dans mon sac et l'ai remercié d'un regard. Il n'avait pas changé. Le teint plus mat peut-être, la bouche plus fine.

Mais toujours le cœur débordant.

Alors voilà, il m'a finalement autorisée à montrer ces lignes, vestige d'un drame ancien. Je n'ai rien corrigé ; les bribes vous sont fournies dans toute leur rugosité.

Avec un peu de chance, ces fragments de vie vous parleront, ils vous aideront à grandir, si un truc approchant vous arrive. Ou pas.

Tout ça, c'était il y a longtemps, mais une partie de son cœur (et du mien) est restée accrochée à ce qui était la vie, avant.

Avant le sommet.

Avant Antoine.

Avant nous.

Avant de recommencer une nouvelle vie.

Avant de forcer les nuages à se disperser.

Leila

1 **rôder autour de qc** *ici :* tourner autour de qc – 3 **une facture** Rechnung – 3 **épars** *ici :* durcheinander – 4 **parcourir** *ici :* examiner rapidement – 5 **pile** exactement – 7 **anxieux** qui a peur – 8 **récupérer qc** etw wieder bekommen – 12 **le teint** la couleur de la peau, du visage – 12 **mat** [mat] *ici :* dunkel – 14 **débordant** *ici :* überschwänglich – 16 **un vestige** une trace, un reste – 16 **une bribe** un morceau, un fragment – 17 **fournir** donner – 17 **la rugosité** Unebenheit, Rauheit – 27 **se disperser** sich zerstreuen

culpabilité

On n'est pas dans un roman policier ou dans un jeu vidéo, où des corps déchiquetés giclent à toutes les pages. On est dans la vraie vie, celle de tous les jours. Et j'ai tué quelqu'un.

Il est mort à cause de moi.

Pour de vrai.

On fait comment, pour porter un tel poids ? On fait comment, pour empêcher le cerveau de revoir toujours la même scène, d'entendre le même hurlement de terreur, suivi d'un immense silence ? On fait comment, pour arrêter le temps et lui demander juste un petit retour en arrière ? Deux jours, deux minuscules petites journées, c'est négligeable à l'échelle de l'univers.

À la mienne, c'est renversant.

Au sens propre.

Tout ça parce que, comme d'hab, je me suis cru le meilleur. Il a eu confiance en moi, il a eu tort, il est mort. Game over.

Enfin non, pas game over. Elle est loin d'être terminée, l'histoire. Elle ne fait que commencer. Avec le cri d'Antoine en fond sonore. Et juste avant, ses yeux pétillants qui se fixent sur moi. Sa fatigue, sa joie de vivre et sa respiration.

Tout ce qui n'existe plus.

2 **déchiqueté** zerfleischt – 2 **gicler** *ici :* herausquellen – 6 **un poids** *ici :* Last – 7 **le cerveau** (Ge)Hirn – 8 **un °hurlement** un cri – 10 **minuscule** très petit – 11 **négligeable** unbedeutend – 11 **à l'échelle** *f* **de...** auf ... Ebene – 12 **renversant** umwerfend – 13 **au sens propre** im wörtlichen Sinne – 15 **avoir tort** ≠ avoir raison – 18 **pétillant** funkelnd

C’est tellement facile, de prétendre qu’on ne pouvait pas deviner. Tellement facile de vouloir faire machine arrière, de pleurer face à sa famille. D’acheter des brassées de fleurs pour essayer de rattraper le coup. La vérité, c’est que ça ne fera revenir personne. On le sait, on le hurle, on n’y peut rien.

Ce qui reste, c’est la honte qui me submerge. Et ce massif du Mont-Blanc, qui continue à me toiser de toute sa hauteur, comme avant, comme s’il ne s’était rien passé.

1 **prétendre** behaupten – 3 **une brassée** einen Arm voll(er) – 4 **rattraper le coup** einen Fehler wieder gut machen – 5 °**hurler** crier – 6 **submerger qn** jdn übermannen – 7 **toiser qn** jdn verächtlich anschauen

Maman frappe à ma porte.

– Comment tu te sens ? me demande-t-elle, son mug de thé à la main.

Impossible de répondre. La chair à vif n'a pas de voix.

– Il faut que tu bouges. Tu ne vas pas rester allongé dans cette chambre toute la journée.

Pour aller où ? Pour parler à qui ? Je n'ai plus de projets, maintenant. Plus d'objectifs. Tout est rayé, mort.

– Ce n'est pas ta faute, me dit maman en ouvrant la fenêtre pour aérer. Tu ne pouvais pas deviner.

Bien sûr que si, j'aurais dû prendre davantage de précautions. J'aurais dû me méfier. On nous le répète à chaque détour de chemin : « Soyez vigilants ». Et moi, tout à ma certitude d'être le meilleur, je n'ai pas regardé derrière moi.

– Tu m'entends ? me dit maman. Regarde-moi, s'il te plaît.

Lentement, j'enlève le drap qui recouvre mon visage. Observe bien ma tête maman, au début tu verras des larmes séchées, et ensuite si tu sais bien distinguer derrière les nuages, tu te rendras compte des ravages.

– C'est ma faute, et ne dis pas l'inverse. J'ai tué Antoine.

Cette fois, elle ne répond pas. Avec une certaine douceur, elle passe sa main sur mes joues, et soupire longuement. Insupportable. D'un geste brutal, je replace le drap sur moi. Va-t'en, maman, va-t'en s'il te plaît. Je ne peux pas.

Au bout de cinq minutes, dix minutes peut-être, l'éternité, elle finit par partir. Sans un mot, en silence. Le même silence que celui qui nous a entourés, après le hurlement.

Sidération.

4 **la chair** Fleisch (*ici : fig*) – 4 **à vif** offen wegen einer Verletzung (*ici: fig*) – 8 **rayer** durchstreichen – 10 **aérer** → l'air – 11 **davantage** plus – 12 **se méfier** auf der Hut sein – 13 **vigilant** wachsam – 13 **la certitude** le fait d'être certain de qc – 16 **un drap** Bettlaken – 17 **une larme** Träne – 17 **séché** getrocknet – 18 **distinguer** *ici :* erkennen – 19 **les ravages** *mpl* Schäden – 22 **soupirer** seufzen – 25 **l'éternité** *f* Ewigkeit – 28 **la sidération** Fassungslosigkeit

Le monde n'existe plus. Des nœuds sur la cloison de bois, une chambre où il fait trop chaud, une portion de ciel par le filet de lumière que le rideau laisse passer, un plateau-repas que je n'ai pas envie de manger.

Plus rien.

Putain. Mon meilleur copain. Mon seul ami, à bien réfléchir. Celui avec qui je partageais tout, et pas seulement les cours. Les projets, les espoirs, les envies. L'alpinisme, c'est aussi une histoire d'amitié. On choisit les gens avec qui on va s'encorder, on leur accorde notre confiance, on se prépare avec eux, nos yeux brillent du même éclat. Et normalement, on vit les mêmes émotions au même moment, on revient avec les mêmes souvenirs.

Normalement.

1 **un nœud** Knoten, Ast – 1 **une cloison** un mur – 2 **un filet** *ici :* Strahl – 3 **un rideau** Vorhang – 8 **l'alpinisme** *m* Bergsteigen – 9 **s'encorder** sich anseilen

Je ne sais pas combien de temps passe, mais maman entre dans ma chambre. Le soleil a déjà disparu, il doit être tard.

– Brr, il fait froid ici, tu ne veux pas fermer la fenêtre ?

C'est elle qui l'a ouverte, quand elle est venue, tout à l'heure. Je n'étais pas censé la fermer, si ?

– Les gendarmes sont là. Ils veulent te poser des questions. Tu peux t'habiller, s'il te plaît ?

Et merde. Ou plutôt non, tant mieux. Quand on fait une connerie, on doit payer. Alors embarquez-moi, menottes aux mains. Que je moisisse dans vos prisons, pendant des années. Si après, je me sens mieux, alors… Embarquez-moi, allez.

– Habille-toi, s'il te plaît, répète maman.

Je pue. C'est fou comme un corps immobile peut sentir, au bout d'un certain temps. Pourtant, je n'ai pas bougé d'un centimètre. Je n'ai même rien mangé depuis des heures. Le plateau que maman m'a apporté ce matin est intact, au pied de mon lit.

Le corps d'Antoine doit sentir aussi, l'odeur de la mort.

– J'ai le temps de prendre une douche ?

– Il vaut mieux, chuchote maman. Je vais leur demander de patienter quelques minutes.

Elle s'en va en me collant dans les mains un paquet de vêtements bien pliés qui sortent juste du placard. J'ai très envie de retourner dans mon lit, même si j'ai des doutes quant à l'effet thérapeutique de la couette.

Bon. On va jouer à faire semblant de vivre.

L'eau chaude ne clarifie pas les idées. Dans les pubs, on a toujours l'impression qu'une bonne douche rend souriant et heureux, direct opérationnel. La mienne me permet de sentir

5 **être censé faire qc** devoir faire qc – 6 **un gendarme** un policier – 9 **une connerie** *fam ici :* une action stupide – 9 **payer** *ici :* büßen – 9 **des menottes** *fpl* Handschellen – 10 **moisir** *ici :* verfaulen – 13 **puer** sentir mauvais – 20 **chuchoter** parler à voix basse – 23 **plié** zusammengelegt – 24 **quant à** en ce qui concerne – 25 **une couette** Federbett – 26 **faire semblant de faire qc** faire comme si on faisait qc – 29 **opérationnel** einsatzfähig

bon, c'est tout. Une odeur écœurante à l'extrait de vanille des îles et l'huile de macadamia, un parfum 100% artificiel.

Comme moi.

Les gendarmes, putain. Jamais je n'aurais cru qu'ils viendraient chez moi, à cause de moi.

Assis dans le canapé du salon, ils attendent gentiment que j'aie décrassé ma carcasse en buvant une tasse de café dont l'odeur me révulse. Ils sont deux, même pas en uniforme. Un grand blond plutôt jeune, et l'autre à moitié chauve, avec des lunettes.

Ils sont polis, trop polis. On dirait presque qu'ils ont honte de vivre. Et ils me parlent doucement, comme si moi aussi j'étais la victime. Si seulement.

– Nous savons que vous êtes très meurtri par ce qui est arrivé, me dit le chauve. Mais nous avons besoin de bien comprendre les circonstances.

Les circonstances ? Elles sont toutes simples. J'ai dit à Antoine que j'étais capable de le conduire en haut. Il m'a cru, il en est mort. C'est ça que je devrais leur dire, aux gendarmes. Mais je n'arrive pas à articuler le moindre mot. La sueur monte à mon visage, je vois flou, je transpire de partout, merde je crois que je vais tomber dans les p…

Je me réveille allongé sur le canapé, maman me tapotant les joues.

– Vous ne voulez pas que j'appelle les secours ? demande le blond à maman. Vous êtes sûre ? On dirait que ce jeune homme a besoin d'un soutien psychologique.

Elle hausse les épaules. Tout d'un coup, je m'aperçois qu'elle a d'énormes cernes sous les yeux. Peut-être qu'elle souffre, elle aussi.

1 **écœurant** *ici :* widerlich stark – 7 **décrasser** reinigen – 7 **une carcasse** *ici : fam* un corps – 8 **révulser qn** *ici :* jdn anekeln – 9 **chauve** kahl – 14 **meurtri** *ici :* tief verletzt – 20 **la sueur** Schweiß – 21 **flou** verschwommen – 22 **tomber dans les pommes** *fpl* ohnmächtig werden – 23 **tapoter** taper doucement – 28 **°hausser les épaules** *fpl* mit den Schultern zucken – 29 **des cernes** *mpl* Ringe

– Ça ira, je dis.

Trois paires d'yeux convergent sur moi. Ils attendent que je déballe toute l'histoire. Je me mords les lèvres et je respire un bon coup.

– Antoine et moi, on vient d'avoir le bac. On s'était promis de fêter ça là-haut. On s'était donné deux ans, lui et moi, pour effectuer trente-neuf randonnées en montagne. Il faut remplir une liste pour présenter l'examen probatoire d'aspirant-guide, j'imagine que vous êtes au courant. L'aiguille d'Argentière, on en parlait depuis des semaines, entre les concepts de philo et les probas de maths. Le lycée ce n'était pas trop notre truc. Là où Antoine est imbattable, c'est le ski. Vous avez sûrement entendu parler de ses exploits. Moi, c'est plutôt l'escalade. Je me suis cru le meilleur. C'est à cause de moi qu'il est mort.

– Non ! s'exclame maman. On ne te demande pas de te sentir coupable, juste d'expliquer l'enchaînement des événements.

Je referme les yeux, et avant d'être englouti par les hurlements d'Antoine qui m'appelle à l'aide, je raconte.

Il faisait un temps splendide, exactement le temps rêvé pour partir en montagne. Antoine et moi, on avait dormi chez lui tous les deux, pour être à l'heure au matin. Ses parents habitent le centre de Chamonix. C'est plus simple pour prendre le bus ; l'arrêt n'est pas loin de chez eux. Depuis des semaines, notre liste de courses pour l'été était prête. Mon père nous avait aidés à la mettre au point. Il était guide de haute montagne avant, vous le connaissez, je pense.

Un des deux gendarmes a hoché la tête. J'ai continué mon monologue.

On avait choisi l'aiguille d'Argentière pour démarrer parce que c'est une belle course, variée et intéressante, sans passage

2 **converger sur qn** sich auf jdn richten – 3 **déballer** *fam* raconter – 3 **se mordre les lèvres** *fpl* sich auf die Lippen beißen – 7 **effectuer** faire – 8 **un examen probatoire** *ici :* Aufnahmeprüfung, um eine Ausbildung machen zu können – 8 **un aspirant-guide** une personne qui veut devenir guide – 9 **une aiguille** *ici :* Felsnadel – 11 **une proba** *fam abrév de* probabilité – 13 **un exploit** *ici :* Leistung – 17 **engloutir** *ici :* überhäufen

exposé ou trop technique. Bien sûr, on aurait pu demander à un vrai guide de nous escorter. Mais j'étais sûr de moi, cette course je l'avais déjà faite une fois, avec mon oncle, qui est un super pro. « On suivra une autre cordée, m'avait pressé Antoine. Allez, on y va tous les deux. C'est un itinéraire classique ; pas de grande difficulté. Il faut bien commencer un jour ! »

C'est vrai. Depuis que je suis tout petit, je veux devenir guide, alors… J'aime les défis, j'ai donc acquiescé. Nos parents étaient OK – les fous. Ils nous faisaient confiance, ils n'ont pas creusé l'affaire. Juste donné des tonnes de conseils.

Antoine connaît moins bien la montagne l'été que moi. C'est un génie en ski, mais l'alpinisme, ce n'est pas trop son truc. Pardon, ce *n'était* pas.

L'imparfait qui tue.

Donc on savait tous les deux que j'étais le responsable. Les décisions me revenaient, et Antoine devait m'écouter.

On a pris le « Chamonix bus » pour rejoindre Argentière. On était tranquilles, on était confiants, on se croyait forts. On a même plaisanté avec deux filles, en short et en tongs, qui nous ont demandé où on allait. Avec un petit rire de fierté, on a désigné l'aiguille d'Argentière.

Fierté mon cul.

– Rendez-vous demain soir pour prendre un pot ensemble, a proposé Antoine.

Elles étaient d'accord, on n'en croyait pas notre chance. Les Parisiennes ont un faible pour les montagnards, ça amusait Antoine.

– Une autre fois, vous nous accompagnerez, a-t-il fanfaronné. Pas aujourd'hui, parce qu'on couche en refuge. Et puis cette

1 **exposé** *ici :* dangereux – 2 **escorter qn** *ici :* accompagner qn – 4 **une cordée** un groupe d'alpinistes reliés par une *corde* (Seil) – 8 **un défi** un challenge – 8 **acquiescer** faire oui de la tête – 9 **creuser qc** *ici :* réfléchir beaucoup à qc – 19 **des tongs** *fpl* Flipflop – 20 **la fierté** Stolz – 28 **fanfaronner** dire fièrement – 29 **un refuge** Schutzhütte

course est trop dure pour des débutantes. Très aérien, alors il faut se méfier. Mais on pourra prévoir un itinéraire facile pour vous, dans les prochains jours.

Elles ont poussé les exclamations d'usage, on a échangé nos numéros de téléphone, une bise et à demain soir.

Attente. Téléphérique. Premiers frissons.

Le premier jour a été facile, trop facile. En descendant des télécabines à Lognan, on est déjà à près de 3300 mètres d'altitude. J'ai beau connaître le panorama par cœur, je me chope toujours un coup de stress, là-haut. En face de nous, l'aiguille d'Argentière se dresse, avec sa pointe neigeuse. Et surtout, l'aiguille Verte nous nargue, énorme et majestueuse, mère protectrice des Droites, des Drus et du mont Dolent.

– La prochaine fois, on se fait la Verte ? a suggéré Antoine en vérifiant ses chaussures.

– Pas seuls, j'ai répondu. Et si j'ai bien compris, tu préférerais une petite balade avec des filles.

Il a haussé les épaules et a murmuré un truc du style « même pas cap ».

Mais je n'ai rien vu venir. Je me sentais bien, invincible et heureux. On a marché le long du glacier des Rognons jusqu'au refuge. La neige était craquante, un peu trop molle. Il faut dire qu'on a pris notre temps ; on est arrivés tard. C'est gentillet, cette course, le premier jour. Il y a surtout de la descente et une marche presque plate sur le glacier.

– Gaffe aux crevasses, quand même, j'ai averti Antoine.

On a penché la tête vers une énorme cavité dont les reflets bleutés attiraient les yeux.

1 **aérien** dans les airs, très haut – 2 **se méfier** *ici :* faire attention – 6 **un téléphérique** Seilbahn – 6 **un frisson** Beben – 10 **se choper** *fam ici :* avoir – 11 **se dresser** sich erheben – 11 **une pointe** Spitze – 12 **narguer qn** provoquer qn – 17 **une balade** une promenade – 19 **cap** *fam abrév de* capable – 20 **invincible** qu'on ne peut pas battre – 21 **un glacier** Gletscher – 22 **être craquant** *ici :* knirschen – 22 **mou** ≠ dur – 26 **(faire) gaffe** *fam* (faire) attention – 26 **une crevasse** Gletscherspalte – 27 **une cavité** Höhle, Grube – 27 **un reflet** Reflex

– Il doit faire doux, là-dessous, a-t-il chuchoté. C'est une mort plutôt peinarde, quand on y pense. Tu es au fond, tu attends tranquillou les secours. Mieux vaut ça que dévisser sur six cents mètres.

Son regard s'est alors porté sur l'immense aiguille Verte ; j'ai compris qu'elle ne lui résisterait pas longtemps, celle-là. Ce serait une des prochaines destinations, aucun doute. Je me la suis joué très « aspirant-guide » :

– Le mieux, c'est encore de ne pas dévisser, et de ne pas tomber au fond d'une crevasse. N'oublie pas que deux filles attendent notre retour. Elles ont juré qu'elles le fêteraient dignement !

Il a souri, et j'ai adoré ce sourire plein de vie. Pourquoi je ne me suis rendu compte de rien, pourquoi on n'a pas fait demi-tour à ce moment-là ?

On se croit toujours trop malin. Au-dessus des lois et de la nature.

En chemin, on a discuté des anciennes courses qu'on avait faites ensemble. Toujours le même refrain, genre « Tu te souviens, dans la rampe des Cosmiques, quand j'ai perdu mon mousqueton ?… » C'est réconfortant, de penser aux épreuves qu'on a déjà subies et surmontées haut la main.

Le gardien du refuge n'était pas très causant. Pour une fois, il n'y avait pas foule. On a mis l'ambiance. Antoine surtout était survolté. « On fête notre bac » beuglait-il en riant de son rire communicatif. Il a proposé à tout le monde de taper le carton, il chantait à tue-tête des airs débiles. Mais à 20h30, on a calmé le jeu et on a suivi le mouvement direction le lit, faut pas déconner on allait se lever très tôt.

2 **peinard** relax, cool – 3 **dévisser** *ici :* tomber sans être attaché à une corde – 20 **un mousqueton** Karabinerhaken – 20 **réconfortant** aufmunternd – 20 **une épreuve** *ici :* un moment difficile – 21 **subir** hinnehmen – 21 **surmonter** überwinden – 21 **°haut la main** facilement – 22 **causant** qui aime parler – 24 **survolté** *ici :* très en forme, très énergique – 24 **beugler** *fam* crier – 25 **taper le carton** *fam* jouer aux cartes – 26 **à tue-tête** lauthals – 28 **déconner** *fam* faire des bêtises

Je ne dors jamais bien, en refuge. D'abord à cause des ronflements des autres. Et puis généralement il y a aussi l'appréhension de la course du lendemain, un je-ne-sais-quoi d'angoisse mêlée à de l'excitation qui pointe. À moins que ce ne soit l'effet de l'altitude ? Bref, j'ai mis beaucoup de temps à m'endormir. À 3h30, quand le réveil s'est déclenché, mon esprit a eu du mal à percuter. Mais Antoine sautillait déjà en enfilant son pantalon. Ses yeux brillaient d'excitation.

Une autre cordée allait suivre la voie classique, comme nous. C'était un couple d'une quarantaine d'années. Leur guide qui venait des Houches, on ne l'avait jamais vu. Il nous a déshabillés du regard en demandant si on connaissait le terrain.

– On prépare la liste pour l'examen probatoire de guide. Le massif, on le connaît par cœur. Enfin, surtout lui, a répondu Antoine en me désignant. Son père était guide à la Compagnie.

Je n'ai rien dit, juste laissé passer le sentiment de vanité qui m'envahissait. Le Houchard a hoché la tête et s'est occupé de ses clients, affaire classée.

Franchement, j'étais trop con.

Ils ont pris les devants. Et on est restés derrière, dans notre monde à nous. Je me revois encore, le pied droit sur une minuscule saillie. Face à mon nez, la paroi, lisse et verticale. Ma main tâtonne, parvient à trouver une prise. Oui, impeccable. Agile, je monte de quelques dizaines de centimètres. L'air est doux, mes muscles sont tendus. Encore du temps avant que je tétanise.

Allez mec, on y va. On est bons, on a tout l'avenir devant nous.

2 **un ronflement** Schnarchen – 3 **l'appréhension** *f* la peur – 4 **l'angoisse** *f* la peur – 5 **l'altitude** *f* Höhe – 7 **percuter** *ici : fam* comprendre – 9 **une voie** Weg – 11 **déshabiller qn du regard** jdn mit den Blicken ausziehen – 16 **la vanité** Einbildung – 22 **une saillie** Vorsprung – 22 **une paroi** Felswand – 22 **lisse** glatt – 23 **tâtonner** ertasten – 23 **une prise** *ici :* Halt – 23 **impeccable** parfait – 25 **tendu** gespannt – 26 **tétaniser** verkrampfen (lassen)

Je ne serai jamais guide. Je crois même que je n'irai plus en montagne.

Cette voleuse qui m'a pris la vie d'Antoine, mon sourire et mon avenir.

… Et les pièges innombrables qui se referment sur nous, sur vous, sur les plus expérimentés des alpinistes.

5 **un piège** Falle

Les heures avancent lentement, parfois le soleil se couche. C'est à ce moment-là qu'il faut dormir, paraît-il.

Trois jours passent à ce rythme, à moins que ce ne soit quatre. J'en sais rien, m'en fous. Le temps n'a plus rien d'humain. On me met de la nourriture sous les yeux, je suis incapable de l'avaler.

À un moment, mon père entre dans ma chambre, le sac plein d'histoires affreuses qui sont arrivées à des masses de copains. Des morts partout en montagne, des sentiments de responsabilité qui pèsent sur l'estomac à vie.

– On apprend à se débrouiller avec, dit-il.

D'accord, il cherche à me rassurer, à me montrer que je ne suis pas seul. La montagne est terrible et cruelle. Elle trace des contours aiguisés autour d'elle. Elle se joue de la vie. Elle te dévore et te recrache, dévasté.

– Hurle un bon coup, ajoute-t-il. Et après tu reviendras encore plus fort. On a tous connu des décès autour de nous. En montagne, parfois, on remplit toutes les conditions de sécurité, mais on ne revient pas. Et ce sont souvent les meilleurs qui partent en premier.

Sous-entendu, arrête d'étaler tes états d'âme. Ton copain est mort, soit. C'est sa faute ou la tienne, peu importe. Un vrai montagnard est solide, capable d'assumer les coups du sort.

– On sait bien que la mort peut survenir à l'instant le plus inattendu. Tu as beau être super fort techniquement, tu as beau être super expérimenté, tu restes un homme. Et il arrive qu'on fasse des erreurs. Simplement, parfois, elles coûtent cher.

Tais-toi.

8 **affreux** horrible – 10 **peser** *ici :* belasten – 12 **se rassurer** sich beruhigen – 13 **tracer** dessiner – 14 **aiguisé** *ici :* scharf – 14 **se jouer de qc** *ici :* sich über etw hinwegsetzen – 15 **dévorer** verschlingen, (auf)fressen – 15 **recracher** ausspucken – 15 **dévasté** *ici :* zugrunde gerichtet – 17 **un décès** une mort – 21 **sous-entendu, …** ce qui veut dire, de manière implicite, … – 21 **étaler** *ici :* montrer – 21 **des états** *mpl* **d'âme** *f* Gemütszustand – 22 **soit** OK – 23 **assumer** *ici :* ertragen – 23 **un coup du sort** Schicksalschlag – 25 **avoir beau être** même si on est

Arrête.

Ce discours, je l'entends depuis que je suis tout petit. On ne se plaint pas, on vit à la dure, on supporte. De même que la nature est sans pitié, sois sans pitié avec toi-même. Et avance en rythme, sans ralentir. Un deux, un deux.

Et si, moi, je n'en étais pas capable ? Et si, moi, je me sentais impuissant à tenir le cap après cet accident ? Et si je dévalais le ravin du malheur ? Ce serait si simple, si doux et si définitif ! Une bonne solution pour éviter aux questions de s'éterniser.

– Le privilège des montagnards, me dit encore papa, c'est de vivre des courses intenses avant même de les avoir commencées. La préparation, l'ascension, et ensuite les images qui restent gravées dans ton cœur. Et quand les images sont terribles, eh bien ça prend du temps, mais tu finis par les accepter, elles aussi. Elles continueront à te bouleverser, mais elles deviendront supportables. Elles feront partie de ton monde.

Hum.

– La montagne reste la montagne, avec sa rudesse et sa beauté. Tu auras besoin de temps, mais tu y retourneras, plus fort et plus écorché. Ta vie est là, et tu le sais.

Non ; pour l'instant, tout vacille. J'ai l'impression de ne plus tenir à rien. C'est bien gentil de me dire que le temps arrangera les choses, mais en attendant, je fais quoi ?

Mon père a été guide de haute montagne pendant quinze ans. Il partait le matin, sourire au cœur, et revenait avec la joie de ceux qui ont accompli un effort. Plusieurs fois, je l'ai

3 **supporter** ertragen, aushalten – 4 **sans pitié** *f* erbarmungslos – 7 **tenir le cap** den Kurs halten (*ici : fig*) – 7 **dévaler** *ici :* hinunterstürzen – 8 **un ravin** Schlucht – 9 **s'éterniser** durer très longtemps – 12 **une ascension** Aufstieg – 13 **gravé** eingeprägt – 15 **bouleverser** erschüttern – 18 **la rudesse** Härte – 20 **écorché** *ici :* vom Leben gezeichnet – 21 **vaciller** ≠ être stable – 26 **accomplir un effort** *ici :* sich körperlich anstrengen

accompagné, pour des virées faciles. J'étais petit, il avait envie de me transmettre sa passion, il y croyait.

Le soir, au dîner, on discutait parois, chaussons d'escalade et gratons, ces minuscules prises de quelques millimètres ; matos et prévisions météo. On évoquait les courses de glace et de rocher. À quatre ans, je pouvais nommer tous les sommets du massif. Les clients de mon père étaient éberlués quand ils se rendaient compte que je les connaissais mieux qu'eux ; on me prenait pour un chien savant, j'avais juste la passion de la montagne.

Et puis un jour, un jour tout ce qu'il y a de plus normal, il était à l'école d'escalade aux Gaillands. Le genre de trucs qu'il ne faisait pas souvent, et uniquement quand on ne lui proposait pas de course plus intéressante. En règle générale, il n'aimait pas trop jouer les profs. Et il préférait les clients adultes. Les cris des gamins, leurs caprices, très peu pour lui.

Bref. J'avais onze ans.

Il était en train de montrer à son groupe quelles prises il fallait choisir pour une voie en 4b (donc hyper facile) quand son genou a lâché. Un grand « crac » et une douleur fulgurante. Maman a été dépêchée au secours, elle a accompagné mon père à l'hôpital.

On a maintenu le suspense quelques jours, et le verdict est tombé. Genou foutu, carrière foutue.

Malgré des heures, des jours et des semaines de rééducation. Malgré des infiltrations par dizaines, des consultations de spécialistes. Il a tout essayé, à part les incantations à la Vierge avec des cierges bénis par le Pape, parce qu'il ne faut pas pousser.

Rien ne lui a permis de récupérer son genou.

Il s'est résigné à changer de métier. Un genou foutu, ça ne pardonne pas.

1 **une virée** une sortie, une randonnée – 4 **le matos** [matos] *fam* le matériel – 6 **un sommet** Gipfel – 7 **éberlué** très surpris – 9 **un chien savant** un chien qui connaît / a appris beaucoup de choses (*ici : fig*) – 16 **un caprice** Laune – 20 **fulgurant** *ici :* stechend – 20 **une douleur** Schmerz – 21 **qn est dépêché** qn est envoyé – 22 **un verdict** Urteil – 23 **foutu** kaputt, im Eimer 24 **la rééducation** Rehabilitation – 26 **une incantation** Beschwörungsformel – 26 **la Vierge (Marie)** die Jungfrau Maria – 27 **un cierge** une bougie – 27 **béni** gesegnet – 27 **pousser** *ici : fam* exagérer

À partir de là, au dîner, on a parlé école et fatigue, mauvais temps et qualité de la nourriture. On discutait de tout, sauf de montagne. Le soleil qui donnait un reflet bleuté aux sommets, papa ne l'évoquait plus. Après le repas, en silence, il se plaçait devant la fenêtre et il méditait, sourcils froncés. Plus personne ne me demandait le nom des aiguilles dans le massif.

Maintenant, il travaille à la Maison de la Montagne, à l'accueil. Il conseille les clients sur les courses qu'ils peuvent choisir. Et il boite pour rentrer à la maison.

Jamais il ne m'a découragé d'embrasser la même carrière que lui. Simplement, je sais combien le corps est fragile. Sécuriser au maximum, c'est son leitmotiv. Le leitmotiv de tout alpiniste qui se respecte, d'ailleurs.

Et malgré la sécurisation à outrance, parfois, crac le genou pète, la pierre tombe sur la tête, l'avalanche ravage, la crevasse se creuse.

Papa, désolé. Tes conseils et ton expérience n'ont rien empêché. J'ai quand même bousillé mes chances dès la première course de la saison. Et bêtement, en plus.

Alors tais-toi. Arrête.

– Tu vas tenir le coup, me lance-t-il avant de sortir.

Non, enfin je n'en sais rien. Tenir le coup, qu'est-ce que ça veut dire, d'abord ? De quel coup s'agit-il, et au nom de quoi faudrait-il le tenir ? Comme si on n'avait pas le droit de vivre effondré, au fond du ravin, sans tenir aucun coup. Loin de tout, et surtout de l'angoisse qui tenaille.

5 **sourcils froncés** mit gerunzelten Augenbrauen – 9 **boiter** hinken – 14 **à outrance** *f* bis zum Exzess – 15 **une avalanche** Lawine – 15 **ravager** verwüsten – 18 **bousiller** *fam* verpuschen – 21 **tenir le coup** durchhalten – 25 **effondré** völlig am Ende – 26 **tenailler** peinigen

Encore deux jours qui s'étirent sans fin, deux nuits qui durent de quoi crever cent fois, et puis je n'ai plus le choix. Il faut faire semblant de vivre. Se lever quand on ne tient pas debout, manger quand on est incapable d'avaler quoi que ce soit. Jouer les vivants quand on ne l'est plus, ou presque.

Et s'habiller pour cette putain de cérémonie.

Pour la première fois depuis l'accident, je sors. C'est l'été, je ne m'en rendais plus compte. Le soleil griffe ma peau et chauffe mon pantalon noir.

Les contrastes m'atteignent avec violence. La lumière du ciel, le sombre de l'intérieur. La chaleur de dehors, le froid de l'église. Le sourire des touristes ignorants, la dévastation d'un cœur qui n'y comprend rien. La peau cuivrée des corps vivants, le cercueil au milieu de la travée.

Et moi, m'engluant dans tout ça.

En silence, je me faufile sur un banc de l'église. Mes efforts pour ne voir personne sont vains. On vient à ma rencontre, on me tape sur l'épaule, on me pose des questions muettes.

Et durant une heure, je n'ai même plus envie de m'enfuir. Mes yeux ne se détachent pas de la caisse en sapin qui dévore l'allée centrale.

Antoine, Antoine, Antoine.

Le curé, dans son hommage, parle d'un « garçon courageux et plein de vie, fauché beaucoup trop tôt, avant d'avoir accompli

1 **s'étirer** sich ziehen – 2 **crever** *fam* mourir – 8 **griffer** (zer)kratzen – 10 **atteindre** erreichen – 12 **la dévastation** Verwüstung – 13 **cuivré** kupferfarbig – 13 **un cercueil** Sarg – 14 **une travée** (Bank)Reihe – 15 **s'engluer** sich festfahren – 16 **se faufiler** sich hereinschleichen – 17 **vain** sans succès – 18 **muet** *ici :* sans parler – 20 **une caisse** *ici :* Kiste – 20 **un sapin** Tanne – 23 **un curé** Pfarrer – 24 **fauché** *ici :* hinweggerafft

ses rêves ». Les gens ont les larmes aux yeux, mon père me prend la main. La mère d'Antoine vient au micro et explique quel enfant formidable elle avait.

Elle ne parle pas de moi, seulement de la montagne que son fils aimait et qui l'a emporté, ironie de la passion. Déchirée de douleur, sa mère est consolée parce qu'elle sait que les dernières heures ont été heureuses, dans un milieu qu'il appréciait tant.

Sa voix ne tremble même pas, ou si peu.

Vers la fin, les gens se lèvent, secouent un encensoir pour honorer le corps ; ils marmonnent deux ou trois mots au-dessus du cercueil. Je n'y vais pas. Dieu, s'il existe, doit être furieux contre moi. Ma mère essaie de me forcer à me lever, en vain.

De loin, j'aperçois le guide des Houches, celui qui m'a ramené dans la vallée, après l'accident. Marco Lestaz, je crois qu'il s'appelle. Je n'ose pas lui parler. On se contente d'un signe de tête discret.

Dehors, il fait toujours aussi chaud. Les parents d'Antoine me regardent sans un mot. Mais dans leurs yeux, la souffrance est telle que c'est pire. Envoyez-moi en prison, détestez-moi, frappez-moi. Hurlez et accusez-moi. Tout mais pas ce regard rempli de douleur.

– Ne te reproche rien, dit le père d'Antoine. Tu n'es pas responsable.

– Bien sûr que si. Il a glissé tout seul, c'est vrai, mais on aurait dû être encordés. Si ça avait été le cas, j'aurais retenu sa chute.

– Dis plutôt que tu serais tombé avec lui. Il t'aurait entraîné. Arrête de te sentir coupable, tu n'es pas responsable.

C'est gentil mais c'est faux, absolument faux. J'aurais préféré m'écraser avec lui six cents mètres plus bas plutôt que de vivre cet instant.

5 **déchiré** *ici :* das Herz zerrissen – 6 **consoler** trösten – 9 **secouer** schütteln – 9 **un encensoir** Räuchergefäß – 10 **marmonner** parler de façon peu distincte – 12 **en vain** sans succès – 24 **glisser** rutschen – 25 **une chute** Sturz – 26 **entraîner qn** *ici :* mit sich hinunterreißen – 29 **s'écraser** *ici :* tomber

La montagne ne m'a pas laissé le choix.

Je suis vivant, Antoine ne l'est plus.

Et j'en crèverai jusqu'au bout.

On me regarde, on secoue la tête d'un air désespéré. On me juge et on a raison.

Je m'enfuis dès que je le peux, tant pis pour le cimetière, je n'en ai pas la force. De loin, j'aperçois ma mère qui discute avec de grands gestes. Dans la vallée, on a l'habitude des morts. On sait que la montagne avale les meilleurs, on apprend à cohabiter avec cette angoisse, on se rode aux phrases de circonstance.

Mais on étouffe toujours autant pendant les cérémonies, on hésite à serrer les mains des familles. On cherche le moyen d'éviter la douleur frontale. On dit « les pauvres » en essayant de s'imaginer à leur place, en repoussant cette éventualité.

Il faut que je parte.

Que je parte loin, que je quitte Chamonix.

Trop honte, trop peur, trop coupable.

Dans le train qui m'emmène vers Lyon, les gens sont en forme ; ils plaisantent, ils rigolent, c'est si agréable les vacances. Je serre mon sac à dos contre moi en regardant le paysage d'un air morne. Où est-ce que je cours ? Qu'est-ce que je fuis ? Ma culpabilité, elle est en moi. Et quel que soit l'endroit où j'irai, elle m'accompagnera, aussi visible et envahissante que mon ombre au crépuscule.

La pluie s'invite tout d'un coup. De grosses gouttes qui coulent le long des fenêtres. Je ne sais même pas où je vais dormir cette nuit. Maman m'a donné une liste avec des points de chute possibles. Elle a compris qu'il ne servait à rien de me retenir.

4 **désespéré** verzweifelt – 6 **tant pis pour…** Pech für … – 9 **avaler** auffressen – 10 **se roder** *ici :* s'habituer – 10 **de circonstance** dem Anlass entsprechend – 11 **étouffer** ersticken – 19 **plaisanter** faire des blagues – 21 **morne** triste – 22 **la culpabilité** le sentiment d'être coupable – 23 **envahissant** qui prend beaucoup de place – 24 **le crépuscule** Dämmerung – 27 **un point de chute** un endroit où dormir

Puisque j'ai dix-huit ans, puisque je crève de regarder les montagnes.

Alors on verra.

En descendant sur le quai, une dame me demande où est la correspondance pour la gare Perrache. Nous la cherchons ensemble, et par désœuvrement je l'accompagne.

Me voilà à Perrache. Trop de bruit, trop de monde, trop de lumière électrique. Il me faut du silence. Ou alors, pour une fois, je devrais me noyer dans la foule, me perdre dans les conversations anodines et me distraire avec les pavés des rues, les magasins remplis d'objets hétéroclites.

Montagne, ma chère montagne, tu me manques.

Ou plutôt non, je te déteste.

Et oui, je sais, c'est moi qui suis parti.

Devant moi, une fille trébuche. Elle s'en tire avec un éclat de rire gêné et une main qui époussette ses vêtements. Pour le même faux mouvement, Antoine est mort. Vive le plancher des vaches.

Je me demande bien ce que je suis censé faire, ici. Partir plus loin, sûrement. Mais où, et pourquoi me dépêcher ? Plus j'avance, plus cette ville m'exaspère. Ils ont l'air de croire que la vie est normale, que tout va bien et qu'Antoine n'a pas été enterré avant-hier.

Un plan, des rues à visualiser. Je me sens comme un parfait touriste qui arrange sa petite vie à sa façon.

Je me déteste dans ce rôle.

Et la chaleur est pesante, étouffante. Je passe sur un pont. Au-dessous, coule une eau sale et verte ; rien à voir avec les

5 **une correspondance** *ici :* Anschluss – 6 **le désœuvrement** le fait de n'avoir rien à faire – 9 **se noyer** *ici :* se perdre – 10 **anodin** sans importance – 10 **se distraire** sich ablenken – 10 **un pavé** Pflasterstein – 11 **hétéroclite** bunt zusammengewürfelt – 15 **trébucher** stolpern – 16 **épousseter** abstauben – 17 **le plancher des vaches** *expr fam* fester Boden – 21 **exaspérer qn** énerver qn – 22 **enterrer qn** jdn beerdigen – 27 **pesant** bedrückend

crachats bleutés et froids de l'Arve, ses bouillonnements étourdissants. Les voitures roulent à grande vitesse à côté de moi, le vent me renvoie une odeur de carburant et de gaz carbonique (pardon, de dioxyde de carbone, la prof de chimie me l'a assez répété pendant toute l'année). Il y a des routes partout, dessus dessous, dans tous les sens et toutes les directions.

Trop de béton. Trop de puanteur. Trop d'indifférence dans les regards.

Arrgh, que je suis contradictoire ! Je ne sais pas ce que je veux, ni pourquoi. C'est moi qui ai décidé de prendre le train pour Lyon, c'est moi qui ai fui Chamonix ; alors inutile de me plaindre parce qu'il y a du monde. D'ailleurs, les rues piétonnes du centre-ville chez moi sont remplies aussi, à cette saison. C'est juste que je n'y vais jamais, alors je ne m'en rends pas compte.

Peut-on acheter dans ces boutiques un système qui permettrait de remonter le temps ? Un tout petit outil qui permettrait de reculer une semaine plus tôt. J'empêcherais Antoine de se désencorder, je le persuaderais de manger son sandwich sur le vrai sommet, juste à côté du guide et du couple en sueur. On s'en fout, d'être seuls ou pas, hein. Ce qui compte c'est d'être vivants et de rigoler ensemble, de terminer cette course à deux, de boire un pot avec les Parisiennes en rentrant. Tu comprends, hein tu comprends ?

Ce qui compte, c'est de prendre soin de nous, de croire à l'immortalité et au bonheur de chaque instant. On n'a pas le droit de s'éteindre avant d'en avoir largement profité. Vers soixante-dix ou quatre-vingts ans, on en reparlera, quand on

1 **un crachat** *ici :* Strahl – 1 **un bouillonnement** Sprudeln – 2 **étourdissant** betäubend – 3 **le carburant** Treibstoff – 4 **le gaz carbonique** CO_2 – 8 **la puanteur** une mauvaise odeur – 8 **l'indifférence** *f* Gleichgültigkeit – 10 **contradictoire** widersprüchlich – 13 **une rue piétonne** pour les gens à pied, où les voitures ne circulent pas – 18 **reculer** *ici :* zurückgehen – 19 **persuader qn** jdn überzeugen – 23 **boire un pot** *fam* boire un verre – 25 **prendre soin de soi** auf sich aufpassen – 27 **s'éteindre** *ici : fig* mourir

aura bourlingué autant qu'on aura voulu, quand on aura épuisé le quota imaginable des courses dans le massif du Mont-Blanc. Quand on aura crevé le plafond des jours heureux, explosé tous les critères d'évaluation. On sera fatigués d'avoir trop bougé, alors on retournera à l'aiguille d'Argentière, on se tiendra la main, et on jouera les équilibristes sur la corniche du sommet. Et si on tombe, si on tombe, alors on tombera. Ce sera la mort qu'on aura choisie.

La différence c'est qu'on tombera heureux, remplis d'une vie satisfaisante, et non pas chargés d'une masse de bonheurs à venir.

J'aurais préféré tomber avec toi.

Il me reste quoi, à part des gens qui marchent dans une rue suffocante et des magasins qui soldent leur contenu pour attirer le chaland ? Il me reste quoi, à part une sensation de manque qui gagne chaque pore de ma peau ? Il me reste quoi, dis, à part le sentiment que j'ai échoué, et que je ne serai jamais capable d'être guide de haute montagne ?

Il me reste le regard triste de mes parents qui m'ont conduit à la gare du Fayet en silence. J'ai bien senti que ma mère hésitait, jusqu'au dernier moment elle aurait préféré me garder mais mon père insistait avec des signes muets, en mode « laisse-le, il en a besoin ». Elle m'a juste demandé de lui téléphoner régulièrement. « Retape-toi », elle m'a glissé avec une liste d'adresses, un billet et un baiser.

Me taper, oui. Mais me retaper ? Je n'ai pas la recette.

1 **bourlinguer** *fam* voyager et vivre des aventures – 1 **épuiser** *ici :* aufbrauchen – 3 **crever le plafond** *expr* die Hoffnungen überschreiten – 3 **exploser** *ici : fam* auf ausgezeichneter Weise erfüllen – 6 **un équilibriste** un acrobate – 6 **une corniche** Vorsprung – 14 **suffocant** erstickend – 14 **solder** vendre moins cher – 15 **un chaland** *ici :* un client – 17 **échouer** scheitern – 24 **se retaper** *fam* sich erholen – 26 **se taper** *ici :* sich selbst schlagen

hier kommt Leyla

– Tu pleures ? me demande une voix.

Qu'est-ce que… ? Je n'avais pas fait attention, mais une fille s'est assise à côté de moi, sur le banc. Elle a mon âge ou à peu près. Brune, les cheveux qui s'échappent d'une queue de cheval approximative. Le teint mat.

– Je… Je n'en sais rien. Non.

– Moi aussi, parfois, je pleure. Des fois, je sais pourquoi. Des fois, les larmes jaillissent sans qu'elles m'aient donné de raison véritable. Je les laisse s'échapper, et elles me calment.

C'est qui, celle-là ? Je ne crois pas avoir la force de m'appesantir sur les motifs de ces foutues larmes que je n'avais pas senties pointer. Et surtout pas d'en parler à une fille qui me scrute comme si j'étais un objet d'étude.

– Tu te balades dans le secteur ? enchaîne-t-elle en désignant du menton mon sac à dos dont dépassent le duvet et le matelas en mousse. Moi aussi. Je viens de Dijon à pied.

– Toute seule ?

Un sourire malicieux illumine son visage.

– Oui pourquoi, ça te pose un souci ?

Je réponds d'une moue évasive. Qu'elle s'amuse comme elle l'entend, ce n'est pas mon problème. Je me demande juste si elle a voyagé avec cette paire de mini-tennis en toile. Ça ne doit pas être très confortable pour marcher.

– Et tu comptes aller loin ?

À son tour de répondre par une moue évasive.

– Je pense que je vais rester ici quelques jours. J'ai rendez-vous pour une réunion dans pas longtemps, et on verra après… Ton projet à toi, continue la fille, c'est de dormir où, ce soir ?

Bah, je n'en sais rien ; la question ne s'est pas encore imposée à moi. De toute manière, depuis l'accident, je ne dors pas, je

4 **une queue de cheval** *m* Pferdeschwanz – 5 **approximatif** *ici :* mal fait – 8 **jaillir** *ici :* hervorquellen – 10 **s'appesantir sur qc** *ici :* passer plus de temps à réfléchir à qc – 11 **foutu** verdammt – 12 **scruter** observer – 15 **un duvet** *ici :* Schlafsack – 18 **malicieux** verschmitzt – 18 **illuminer** beleuchten – 19 **un souci** *ici :* un problème – 20 **une moue** *ici :* une expression du visage – 20 **évasif** vague – 27 **une réunion** *ici :* Versammlung – 29 **s'imposer** sich aufdrängen

comate. Alors sur un banc ou confortablement allongé, quelle différence ?

– Si tu veux qu'on reste ensemble pendant un certain temps, c'est volontiers. Parce que moi, je ne sais pas trop… T'inquiète, je te propose ça gentiment – amicalement, évidemment.

Alors comment dire gentiment, amicalement évidemment, que je ne me sens pas capable de partager ma solitude avec quelqu'un d'autre, aussi avenant soit-il, ou soit-elle. Il y a moins d'une semaine, j'ai tué mon meilleur ami. Ce souvenir me laisse un goût amer qui se balade à peu près partout dans le corps, de la bouche à la glotte, en passant par le cœur.

Incapable de parler, je me contente de serrer les lèvres, de hausser les épaules, d'attraper mon sac à dos et de partir avec un petit signe de la main. La fille blêmit.

Je suis stupide et je le sais.

Elle ne voulait rien de mal, juste de la compagnie pour continuer son trip.

Ce que je suis incapable de lui fournir.

Parce que j'aurais dû te le dire, mademoiselle dont je ne connais pas le prénom, mes amis finissent au fond d'un ravin, taches rouges et bleues sur la neige immaculée.

Dix mètres plus tard, de nouveau seul, je me pose sur un banc. Et je sors mon cahier.

C'est bizarre cette nouvelle manie d'écrire ce qui m'arrive. Jusqu'à présent, je n'ai jamais ressenti le besoin de tenir un journal. Est-ce que, au fond de moi (mais alors très très au fond) le lycée me manquerait ? J'ai eu 13 en philo au bac. Pas si mal. J'étais persuadé que j'en avais fini avec les thèses et antithèses, avec les argumentaires et les citations en exemple.

Faut croire que les circonstances m'ont changé.

8 **avenant** sociable, sympa – 10 **amer** bitter – 11 **la glotte** Stimmritze – 12 **se contenter de faire qc** sich damit begnügen etw zu tun – 12 **serrer les lèvres** *fpl* die Lippen zusammenpressen – 14 **blêmir** bleich werden – 21 **une tache** Fleck – 21 **immaculé** makellos

Ceci dit, je suis sûr qu'un de ces jours, j'abandonnerai ce cahier. Il ne mérite rien d'autre. Disons que, tant que mon stylo fonctionne, je m'astreins à prendre des notes. Mon prof de philo prétendait que l'écriture servait de catharsis. On peut espérer qu'il avait raison…

***

Une baguette remplie d'un camembert plus tard, je finis par m'allonger sur un autre banc, au bord du Rhône, à moins que ce ne soit la Saône. Les gens passent devant moi sans ralentir. La nuit tombe, je crève à petit feu.

Mille morceaux dispersés sur le bitume.

C'est drôle, ici on peut faire n'importe quoi, les gens s'en foutent. Ils se moquent de savoir que la haine m'occupe tout entier. Ils sont indifférents les uns aux autres, à moi en tout cas.

Quel avenir me reste-t-il ? Est-ce que j'ai seulement le droit de me poser la question, alors qu'Antoine est enfermé dans une boîte ?

Fini.

Je suis fini, liquidé. Une vie qui bascule, un univers qui s'éteint.

Le sommeil me gagne, j'imagine, puisque je me réveille en sursaut lorsque quelqu'un s'assied sur le morceau de banc que j'ai laissé disponible. Aussitôt, je vérifie que mon sac à dos est encore sous ma tête. On n'est jamais trop prudent et je n'ai pas l'habitude des grandes villes.

– Je le savais, dit la voix en poussant un grand soupir.

Je la reconnais, cette voix, c'est à peu près la seule dont j'ai entendu le son depuis que je suis parti. La voix de la fille qui m'avait proposé de partager sa solitude.

– Je savais que tu ne savais pas où aller.

– Tu sais beaucoup de choses, on dirait.

1 **ceci dit** abgesehen davon – 2 **mériter** verdienen – 3 **s'astreindre** *ici :* s'obliger – 4 **une catharsis** *ici :* une libération – 10 **à petit feu** lentement – 11 **dispersé** verstreut – 11 **le bitume** l'asphalte – 13 **la °haine** Hass – 19 **liquidé** *ici :* erschöpft – 19 **basculer** *ici :* untergehen – 20 **se réveiller en sursaut** *m* aus dem Schlaf auffahren

Je me frotte les yeux pour mieux me réveiller. Mes membres sont très faibles, à peine si je suis capable de lever mes bras.

– Je sais ce que je vois. Tu as l'air d'un mec sympa, mais paumé et paniqué. Crevé, aussi. Je ne sais pas encore ce que tu as fait, ni pourquoi. Mais à mon avis, il y a le mot « connerie » dedans.

– Tu n'imagines pas à quel point.

Ce n'est qu'un murmure, pas suffisamment fort pour qu'elle l'entende vraiment. À moins que si. Je m'en fous, après tout. Le froid me fait frissonner ; on se gèle au bord du fleuve. Ou alors c'est la fatigue.

– Comment tu m'as retrouvé ?

– Je ne te cherchais pas spécialement, je me baladais juste.

– Bon, et maintenant, quel est le programme ? Tu m'as réveillé pour me prouver que tu *savais* et que tu étais la meilleure, et ensuite ?

– Ensuite, rien, répond-elle en allongeant ses jambes sur les miennes. On dort ici ?

Elle croit quoi, qu'on peut m'adopter aussi vite ? Je me lève précipitamment.

– Je ne connais même pas ton prénom.

Je me suis redressé trop vite, la tête me tourne.

Elle éclate de rire et s'allonge sur tout le banc, en occupant la place que je viens de libérer. Cette fille est bizarre, franchement bizarre ; je me demande ce qu'elle veut. Défoncée ? Trop isolée ? Débranchée ? Je ne suis pas d'humeur à décrypter chacun de ses mouvements, à essayer de *savoir* ce qui se cache derrière ses états d'âme.

Fatigué, énervé. Pas envie de faire des courbettes, même pas envie de parler. J'aurais juste voulu continuer à dormir – parce que quand on dort, on ne se rend compte de rien. Pour une fois que je n'étais pas en plein cauchemar.

1 **se frotter** sich reiben – 1 **un membre** Glied – 3 **paumé** *fam* perdu – 4 **crevé** *fam ici :* très fatigué – 7 **un murmure** Murmeln – 9 **se geler** *fam* avoir froid – 19 **précipitamment** très vite – 24 **défoncé** *ici : fam* bekifft – 25 **débranché** *ici :* nicht ganz klar im Kopf – 25 **décrypter** entziffern – 28 **des courbettes** *fpl ici :* des politesses – 31 **un cauchemar** un mauvais rêve

Alors j'installe mon sac sur mon dos, et me prépare à partir, avec ce foutu signe de la main qui ressemble à celui d'Antoine, dans ses cinq dernières secondes de vie.

Mais au lieu de m'éloigner, je me mets à pleurer. Comme ça, crac, de grosses larmes qui dégoulinent en cascade, et qu'on ne peut pas arrêter.

Comme à cinq ans, la fois où j'étais perdu en plein brouillard au Plan de l'Aiguille, et que j'avais l'impression d'être abandonné.

5 **dégouliner** tomber – 5 **une cascade** Wasserfall – 7 **le brouillard** Nebel

Le jour s'est levé depuis longtemps, je suppose, vu la chaleur qui m'étouffe. Je suis où ? Dès que mes yeux s'accommodent à la lumière, les souvenirs me reviennent, en même temps qu'un mal au crâne presque insoutenable.

La fille rencontrée hier dort devant mon nez. Ses cheveux bruns indisciplinés lui mangent le visage. Elle m'a emmené dans une sorte de couloir entre deux entrepôts.

Je ne me souviens plus trop de ce qui s'est passé. Il me semble qu'elle a discuté longtemps, peut-être que j'ai parlé aussi avant de m'écrouler de fatigue. Moi, j'avais mon duvet (dont je n'ai pas eu besoin vu la température) et mon matelas mousse (dont j'ai eu besoin) alors ça allait. Mais elle, elle n'est pas très équipée, des cartons en guise de paillasse, un paréo vert vif en guise de couverture.

Je ne sais plus ce que je lui ai dit. J'espère juste que mes démons sont restés à l'intérieur de moi. Je le suppose. Antoine. Le cri, la chute, l'enterrement, le mal au cœur. Le train, le néant et la honte. Tout est encore là, en vrac dans mon crâne et mon corps. Je ne sais pas pourquoi je croyais que l'angoisse se calmerait parce que je changeais d'endroit. Forcément, je me suis trompé. Elle est toujours là, aussi oppressante et dévorante.

Je suis toujours bancal.

Leila, elle s'appelle Leila.

J'attends qu'elle se réveille ou je me barre directement ?

Une bouteille de gin gît à côté. On a bu, cette nuit ? Je ne sais plus.

lernt sie kennen

2 **s'accommoder** s'habituer – 4 **le mal au crâne** le mal de tête – 4 **insoutenable** unerträglich – 7 **un entrepôt** Lagerhalle – 10 **s'écrouler de fatigue** *f* zum Umfallen müde sein – 13 **en guise de** comme – 13 **une paillasse** Matraze – 17 **le mal au cœur** Übelkeit – 17 **le néant** Nichts – 18 **en vrac** durcheinander – 20 **forcément** zwangsläufig – 21 **oppressant** beklemmend – 21 **dévorant** verzehrend – 22 **bancal** wackelig (*ici : fig*) – 24 **se barrer** *fam* partir – 25 **qc gît** etw liegt

Le ronronnement d'une machinerie me dérange ; on dirait que ça crache de l'air chaud, en plus. Ah oui, ici il y a des climatiseurs qui tournent. Quel endroit pourri.

Certains trucs me reviennent petit à petit. Nos déambulations sur le quai. Il me semble qu'on a croisé une bande de jeunes bien éméchés ; ce sont eux qui nous ont fourni le gin. Après, je ne sais plus.

La fille, Leila, c'est peut-être une voleuse. Est-ce que mes papiers et mon argent se trouvent encore dans mon sac ? Oui.

– Tu crois quoi, que je t'ai piqué tes petites affaires ? demande la voix au moment où je referme la poche avant de mon sac à dos.

– Désolé, je cherchais une raison. Je t'avoue que je ne comprends pas bien pourquoi tu m'as pris sous ton aile.

– Tu peux chercher longtemps, je ne le sais pas moi-même. Mais oh putain, qu'est-ce que j'ai mal à la tête. On a beaucoup bu, cette nuit ?

– Impossible de me le rappeler. D'habitude, je ne bois jamais. Je ne sais pas ce qui m'a pris.

Elle éclate d'un bon rire chaud qui me ravit. Je me rallonge tandis qu'elle s'évente avec la main.

– On peut aérer, dans ce trou à rats ? J'ai l'impression qu'il fait 40°C.

– C'est pas un trou à rats, tu as vu ? On voit le ciel. Il n'y a qu'un bout de tôle qui nous en sépare.

– Mmh.

Un morceau de métal gondolé, et on est proche de l'extase.

Leila se lève et s'agite autour de moi. Ses yeux sont noirs, rieurs. Sa bouche épaisse, de celles qui sourient facilement,

1 **un ronronnement** *ici :* Surren – 3 **un climatiseur** Klimaanlage – 3 **pourri** *fam* nul – 4 **une déambulation** Herumwandern, Schlendern – 6 **éméché** *fam* beschwipst – 10 **piquer** *fam* voler – 14 **prendre qn sous son aile** *fig* protéger qn (**une aile** Flügel) – 20 **ravir** begeistern – 21 **s'éventer** se faire du vent – 22 **un trou à rats** *mpl* Rattenloch – 25 **la tôle** Blech – 27 **gondolé** verbogen – 29 **épais** dick

quand elles ne sont pas avalées par des matins difficiles. Et ses cheveux cascadent sur ses épaules, horizon brun de boucles indomptables.

Elle saute sur une petite plateforme en contrebas, où il y a un robinet, et fait bouillir de l'eau sur un réchaud minuscule.

– Café ? demande-t-elle.

Je hoche la tête. D'où elle vient, cette fille qui me prend en charge comme si elle me connaissait ?

Putain quel mal de crâne. J'aimerais bien me souvenir de ce qui s'est passé cette nuit. Mais impossible. Mon cerveau est inondé de gin.

Dire que je n'ai jamais aimé cet alcool.

Le liquide est brûlant. Mauvais goût de l'eau que ne masque pas la poudre de café ajoutée au dernier moment, mais c'est mieux que rien.

– Je suis désolé, mais si tu m'as dit quelque chose de toi, je l'ai oublié. Tu veux bien recommencer par le début ?

– Il n'y a pas de début. Je passais dans la rue, je me suis doutée que tu ne savais pas trop où aller. Je t'ai proposé de m'accompagner dans mon squat, et voilà.

– Mais on a fait quoi ? Tu t'occupes souvent de ceux qui ne savent pas où aller, tu n'as pas peur ?

Elle éclate de rire :

– Pour tout t'avouer, c'est la première fois. Je ne sais pas ce qui m'a pris. Mais je ne te retiens pas en otage, tu peux te barrer si tu veux.

– Tu vis là, toi ?

– Depuis trois jours, oui.

2 **une boucle** Locke – 3 **indomptable** *ici :* qu'on ne peut pas coiffer – 5 **un robinet** Hahn – 5 **bouillir** kochen – 5 **un réchaud** Kocher – 7 **prendre qn en charge** s'occuper de qn – 10 **le cerveau** Hirn – 13 **brûlant** kochend heiß – 13 **masquer** cacher – 20 **un squat** un lieu occupé de manière illégale – 25 **un otage** Geisel

Elle se tait, soudain plus sérieuse. Je n'ose pas demander les raisons qui l'ont menée ici. De même, elle n'a pas besoin de savoir pourquoi je ne savais pas où aller. Disons qu'on va garder nos jardins secrets, c'est très bien ainsi.

Elle fait tourner son café dans la tasse lentement. Et me demande si j'ai une idée de mon programme du jour.

– Ben euh, j'aimerais bien courir, pas toi ?

– Non pas vraiment. Mais vas-y, je t'en prie. Tu devrais aller sur les quais de Saône. J'ai vu des joggeurs, plusieurs fois. C'est là où je t'ai repêché hier.

Avec un hochement de tête, j'enfile mon short de sport et mes chaussures. C'est la première fois que j'ai envie de courir, depuis l'accident. Avant, j'avais besoin de cette décharge d'énergie. Je me vidais la tête, mon corps respirait et prenait vie.

Aussi addictif qu'une drogue, mais plus sain.

4 **un jardin secret** *fig* tieftes Inneres – 13 **une décharge** *ici :* Kick – 15 **addictif** süchtig machend – 15 **sain** gesund

Jamais aussi mal couru. Au bout d'un quart d'heure, je n'en pouvais plus. Et pourtant, le terrain était plat. Je suis rentré au squat avec un sachet de viennoiseries toutes fraîches de la boulangerie. Leila est encore là, plongée dans un bouquin.

– On peut se laver, ici ?

Elle lève les yeux et me montre le robinet. Mouais. Je suppose qu'il n'y a pas plus de machine à laver que de douche. J'essore mes vêtements de sport en leur passant un peu de savon liquide pour le corps, puis je les étale devant le ventilateur. Avec un peu de chance, ils devraient sécher rapidement.

– Je peux prendre un croissant ? demande-t-elle quand j'ai terminé mes ablutions et ma séance lessive.

– Ouais. Moi aussi j'ai super faim. J'aurais dû prendre deux baguettes en plus. Tu lis quoi ?

Rimbaud. *Œuvres complètes.*

Drôle d'idée, mais je ne dis rien, même si la poésie, je n'y ai jamais compris grand chose. Chaque commentaire de texte était un calvaire, au lycée.

– Tu es en quelle classe ?

– Je viens de passer mon bac, m'apprend-elle.

Exactement comme moi.

– Et tu fais quoi, alors, en septembre ? Tu as obtenu ce que tu voulais sur Parcours Sup ?

Elle me répond par une moue que j'ai du mal à interpréter. Bon, on ne va pas approfondir le sujet, moi non plus je ne sais pas trop à quoi va ressembler mon année. Pour la première fois, finis les cours à compter du 1er septembre, finis la cantine scolaire et les éclats de rire pendant la récré, les batailles de boules de neige et les devoirs maison à rendre.

3 **une viennoiserie** feine Backware – 4 **un bouquin** *fam* un livre – 7 **essorer** *ici :* auswringen – 9 **étaler** ausbreiten – 12 **les ablutions** *fpl ici :* la toilette (Waschen) – 12 **la lessive** Wäsche – 15 **une œuvre** Werk – 18 **un calvaire** Qual – 23 **Parcours Sup** un programme officiel sur Internet qui indique aux jeunes qui ont eu leur bac pour quelles études leur candidature a été acceptée – 27 **à compter de** à partir de – 28 **un éclat de rire** *m* lautes Auflachen

Et à la place, qu'est-ce qu'il va y avoir ? Je n'en sais rien.

Leila retourne à son livre, je prends mon cahier pour noircir ces pages. Une telle assiduité m'étonne moi-même.

Putain, qu'est-ce que je vais devenir ?

2 **noircir** *ici :* écrire – 3 **l'assiduité** *f* Beharrlichkeit

Le truc qui cloche, quand on vit dans un squat, c'est le manque de matériel. Avant, je ne me rendais pas compte que les toilettes étaient si précieuses, et l'électricité, de quoi chauffer des plats, prendre une douche, laver son linge… Toutes ces activités qu'on fait sans s'en rendre compte normalement.

En deux jours, Leila et moi sommes devenus des maîtres ès astuces diverses.

Liste des astuces pour bien vivre en squat

- Utiliser les toilettes du Centre Commercial. Ouverture 10h-21h. Wifi.
- Utiliser le micro-ondes du magasin « Quatre à 4 » pas loin sur la gauche. Ouverture 9h-20h30 sauf dimanche après-midi.
- Piscine à tester (entrée 3,40 €) pour douche et loisirs (Leila réticente)
- Recharger les appareils électriques à la médiathèque (+ toilettes possibles)
- Laverie au bout de la rue. 3,90 € le lavage + prévoir séchage. Wifi.

Elle est sympa, cette fille. Pour une intello, elle ne la ramène pas du tout. On peut parler de tout, et ce que j'aime aussi, c'est qu'on peut ne pas parler – pendant des heures. Il y a peu de gens avec lesquels cette option est possible. En général, ils cherchent à combler le silence, à le chasser comme s'il était toujours négatif. Les montagnards, eux, savent bien que le silence est une respiration.

1 **qc cloche** *fam* qc ne va pas – 6 **un maître ès** *ici :* un spécialiste, un expert – 7 **une astuce** Trick – 11 **un micro-ondes** Mikrowelle – 15 **réticent** qui n'a pas envie, qui hésite – 19 **le séchage** Trocknen – 20 **la ramener** *fam* angeben – 24 **combler** füllen

Leila, sans être alpiniste, a conscience de sa valeur.

J'aime aussi qu'elle ne m'en raconte pas trop sur elle. Bien sûr, au fil du temps, je connais des détails sur sa famille. L'autoritarisme de son père, le calme de sa mère, la fragilité de ses sœurs. J'ai compris que son frère préféré avait changé ces derniers temps, et qu'elle en avait souffert.

– Ils sont au courant que tu es à Lyon ? j'ai demandé.

Elle a haussé les épaules sans répondre franchement.

– En fugue, alors ? Je n'aime pas trop ça.

– Ah.

– Et si la police nous tombe dessus, hein ?

– Je suis majeure, a-t-elle dit simplement. Ma disparition ne sera jamais classée « inquiétante ».

Qu'est-ce qu'elle me cache ? Qu'est-ce qu'ils lui ont fait subir pour mériter un tel traitement ? En ce qui me concerne, j'ai déjà envoyé deux messages à mes parents. C'est suffisant pour qu'ils ne s'inquiètent pas.

9 **une fugue** Ausreißen, Verschwinden

On se balade beaucoup, aussi. Elle ne m'accompagne pas quand je cours, mais me fait découvrir des nouveaux coins de Lyon.

– Tu as vu, c'est un magasin Bato, je lui dis en pouffant de rire.

Elle se tourne vers moi. Ses yeux pétillent de malice et elle lève la tête, genre « On le fait ou pas ? »

On entre à l'intérieur et on déambule lentement entre les piles de cartons qui s'entassent. Ballerines, mocassins, sandales, nu-pieds. Leila s'assied et attrape les trois ou quatre paires qui l'entourent.

– Excusez-moi, dit-elle à la vendeuse qui accourt au petit trot, on peut essayer ?

– Bien sûr, quelles chaussures souhaitez-vous ?

– Je ne sais pas trop. Franchement, j'hésite. Vous auriez celles-ci, et celles-ci ? Et tiens, celles-là ne sont pas mal non plus.

– Quelle pointure ? demande la fille avec un sourire engageant.

– 39.

Au bout d'une demi-heure et environ cinquante allers-retours vers les réserves du magasin, Leila se dévoile enfin.

– Non vraiment, dit-elle avec un sourire attristé, je suis désolée mais je n'ai pas le coup de cœur. Je crois que je ne vais rien prendre.

– Pas de souci, fait la vendeuse avec une légère crispation dans le visage et un regard sur les monceaux de boîtes qui s'entassent autour de nous.

– J'espère que tu vas trouver ton bonheur, toi au moins, enchaîne Leila.

On ose, vraiment ? C'est reparti pour un tour. Même débauche d'allers et venues dans la réserve, même déception au bout du

6 **la malice** Schalkhaftigkeit – 9 **des nu-pieds** *mpl* des sandales – 12 **le trot** Trab – 17 **engageant** einladend – 20 **se dévoiler** *ici :* ihre Entscheidung offenlegen – 24 **une crispation** Verkrampfung – 25 **un monceau** un tas (Haufen) – 29 **une débauche** *ici :* un grand nombre – 30 **la déception** Enttäuschung

compte. Je n'y peux rien, c'est cette paire que je préfère, mais je me sens comprimé dedans.

L'heure de fermeture est dépassée depuis vingt bonnes minutes quand nous sortons enfin de la boutique. Mains vides. On est vraiment navrés, mais on ne va pas acheter des chaussures si elles nous font mal aux pieds, quand même !

À l'extérieur, Leila me prend par la main. Nous attendons une vingtaine de mètres avant de pouffer comme des gamins.

– Dix sur dix à cette malheureuse qui est restée polie jusqu'au bout !

– Mouais, mais à la fin, elle avait bien compris qu'on ne prendrait rien, alors elle ne faisait plus aucun effort, tu as vu !

Notre fou rire dure cinq bonnes minutes, à nous remémorer les remarques de la vendeuse et nos déambulations dans le magasin.

– Jamais je ne pourrai travailler dans ce genre de boutiques, conclut Leila. Je boufferai les gens et je les insulterai avant même qu'ils entrent à l'intérieur ! Un coup à détester le genre humain, ça !

Nouvel accès de rire incoercible.

2 **comprimé** eingezwängt – 5 **navré** désolé – 17 **bouffer qn** *fam ici :* avoir envie d'agresser qn – 20 **incoercible** qu'on ne peut pas retenir

Le soir, nous aimons bien sortir. On se balade main dans la main, à la découverte des rues et des places – « musarder » comme dit Leila (je n'avais jamais entendu cette expression, mais il paraît que ça veut dire « traîner »).

– Respect à ceux qui maîtrisent la langue française !

– J'aime bien les mots, me répond-elle sur le ton de la confidence. En septembre, si tout se passe bien, j'irai en prépa littéraire. Mon rêve.

Ah, nous y voilà. Ce qu'elle m'a caché hier se révèle aujourd'hui.

– Et qu'est-ce qui t'empêcherait d'accomplir ce rêve ?

– Ma famille, dit-elle sobrement.

À la clarté des réverbères, elle me dévisage. Elle estime sûrement que je mérite d'en savoir davantage, car elle m'entraîne vers un banc et me raconte.

– Puisque je suis douée pour les études, mon père a décidé que je serais comptable. Il prétend que c'est un bon métier, qu'on gagne bien sans trop se fatiguer. Et puis on peut rester voilée… Il y a deux ans, le sien s'est barré avec la caisse, alors tu comprends que son objectif est très intéressé : il me ferait bosser pour lui, sans peur que je lui vole de l'argent.

– Qu'est-ce qu'il fait comme métier ?

– Il est peintre en bâtiment, et a besoin de quelqu'un pour rédiger les devis, réceptionner les chèques et tenir les comptes. Tout ce que je déteste, en gros. Moi, c'est la littérature qui me fait rêver. Le poids des mots, la qualité du style, le monde évoqué dans les histoires. Je déteste les chiffres.

La pulsation de son cœur s'accélère. Je l'entends, d'ici.

– Un de ses amis lui avait dit que la meilleure formation, c'était un BTS comptabilité-gestion en alternance. Il s'est même

7 **une confidence** vertrauliche Mitteilung – 7 **une prépa** *fam* des cours d'un an ou deux qui préparent à l'entrée dans une grande école – 11 **sobrement** *ici :* einfach – 12 **un réverbère** Straßenlaterne – 12 **dévisager qn** regarder qn avec attention – 15 **doué** begabt – 16 **un,e comptable** Buchhalter – 18 **voilé** verschleiert – 22 **un peintre en bâtiment** Maler – 23 **un devis** Kostenvoranschlag – 27 **la pulsation** Schlagen – 27 **s'accélérer** beschleunigen – 29 **un BTS** une formation après le bac qui durent deux ans – 29 **la comptabilité-gestion** Rechnungswesen-Verwaltung – 29 **en alternance** pour partie avec des cours théoriques, pour partie dans une entreprise

débrouillé pour me trouver un patron dans une petite boîte tenue par une musulmane. Ô bonheur, je pouvais rester voilée… Heureusement, mon père n'est pas très à l'aise avec Internet. Alors j'ai prétendu que j'avais postulé pour son BTS, sur Parcours Sup. Mais en fait, mon premier vœu, c'était une super prépa littéraire ici, à Lyon.

Elle se mord la lèvre.

– J'ai eu le bac mention Très Bien, avec 17,45 de moyenne. Sur le moment, mon père était très heureux et très fier de sa petite Leila ; il m'a dit « Tu seras une bonne comptable ma fille ». Il rirait moins s'il savait dans quelle formation j'ai envie d'aller. Et où je vais m'inscrire.

– Tu ne lui as pas dit ?

Elle hausse les épaules.

– Je suis incapable de m'opposer à lui frontalement. Tu n'imagines pas le poids de la famille, chez nous… J'ai pris la tangente, c'était la seule solution possible. Paf, j'ai jeté mon voile à la poubelle et j'ai fugué. Mes parents doivent être furieux, je m'en fous. Il faut qu'ils comprennent qu'on vit en France. Ici, les lois ne sont pas les mêmes qu'au pays. Les pères n'ont pas à choisir pour leur fille. Je suis majeure, maintenant. Personne ne me dira quel métier je dois exercer, ni avec qui je me marierai. L'exemple de ma sœur me donne trop mal au cœur. Elle a toujours obéi bien gentiment. Et maintenant, elle reste à la maison sans boulot, malheureuse de vivre avec un mari qu'elle n'aime pas.

On ne dit plus rien. Jusqu'à ce que la fraîcheur de la nuit nous saisisse, nous restons sur le banc, bras contre bras, peur contre peur.

1 **une boîte** *fam* une entreprise – 5 **un vœu** Wunsch – 8 **une mention** Auszeichnung – 15 **s'opposer à qn** être contre qc – 16 **prendre la tangente** partir – 18 **qn s'en fout** ça lui est égal – 24 **obéir** gehorchen – 25 **un boulot** *fam* un travail

Le rendez-vous de Leila, celui dont elle m'avait parlé le premier jour, est arrivé. Il s'agit d'une réunion au lycée du Parc, pour les futurs étudiants de CPGE Lettres Supérieures (du moins c'est ce que stipule la lettre que Leila garde précieusement dans son sac).

On ne prend pas le métro, trop cher, donc on marche plus d'une heure dans une atmosphère étouffante, carte touristique à la main. Leila est rouge et suffoque, elle a peur d'être en retard.

– Keep cool, on a largement le temps.

On arrive tellement en avance qu'on a le temps d'avaler une glace (offerte par votre serviteur) et de se refaire une beauté dans les toilettes du petit terrain de sports en face du lycée.

Ça sent les beaux quartiers, les immeubles chics et la bonne bourgeoisie lyonnaise, qui promène son chien-chien en faisant claquer ses talons hauts sur les trottoirs. En comparaison, on a l'air de SDF, ou tout comme.

L'établissement nous toise, trop immense, trop ancien, trop historiquement correct. Devant l'entrée, majestueuse et fière de l'être, quelques élèves fument en riant. Futurs camarades de prépa qui attendent que la réunion commence, sûrement.

La main de Leila est moite, elle n'arrête pas de s'essuyer sur sa robe. J'ai envie de la prendre dans mes bras, de la rassurer. Mais je n'ose pas. Elle continue de transpirer, malgré la glace de tout à l'heure.

Des panneaux nous guident à l'intérieur ; une cour immense, des galeries, du béton, des fenêtres au joyeux air désuet. Je me sens aussi à l'aise qu'un poisson perdu en haut d'une liane de la jungle amazonienne. Comment peut-on avoir envie de s'enfermer là pendant deux ou trois ans, d'y travailler comme un damné ?

3 **CPGE** *abrév de* classe préparatoire aux grandes écoles – 14 **la bourgeoisie** Bürgertum – 15 **faire claquer** *ici :* zusammenschlagen – 15 **un talon** *ici :* Absatz – 16 **un,e SDF** *abrév de* sans domicile fixe – 17 **toiser qn** jdn verächtlich anschauen – 21 **moite** feucht – 26 **désuet** vieux, démodé – 30 **un damné** Verdammter

grande amatrice de la littérature
elle veut étudier littéraire

Apparemment, je suis le seul à le penser. Les yeux de Leila brillent en visitant les lieux. Même les salles de classe lui donnent des palpitations. Pourtant, elles sont tout ce qu'il y a de plus normal. Tableau, plancher patiné par les chaussures de milliers d'élèves, tables ravagées par des messages décadents gravés au compas. Exactement le genre d'endroit que je déteste et qui me laisse un souvenir amer dans la bouche.

Quand on arrive à l'internat, c'est presque l'extase. Elle imagine déjà quelle housse de couette elle va installer, quelles photos elle va accrocher aux murs. Je suis sûr qu'elle se voit penchée sur le bureau, en pleine rédaction de son devoir maison.

L'attrait du sommet.

Personne n'a l'air de penser à ce qui vient avant – ou après.

Les heures de travail, l'épuisement physique et l'énergie gâchée à courir après un diplôme.

Je suis la visite, mouton parmi les moutons, pauvre parmi les pauvres, timoré parmi les extasiés.

Ensuite, on a droit à une longue réunion, où les enseignants menacent les paresseux, louent les travailleurs et flattent les futures élites de la France. Tout en écoutant leur discours, je voyage dans les sphères de mes propres formations, du moins celles que j'avais imaginées jusqu'à présent. La liste des trente-neuf courses en montagne que je dois fournir pour me présenter à l'examen probatoire, les stages de ski et d'alpinisme, les journées d'épreuves techniques.

Deux mondes, deux avenirs, deux parcours.

Et un mort entre moi et mon futur.

3 **des palpitations** *fpl* Herzklopfen – 4 **un plancher** Fußboden – 4 **patiné** *ici :* usé (abgenutzt) – 5 **ravagé** *ici :* abîmé (beschädigt) – 5 **gravé** eingeritzt – 6 **un compas** *ici :* Zirkel – 9 **une °housse de couette** Bettbezug – 12 **un attrait** Reiz – 14 **l'épuisement** *m* Erschöpfung – 15 **gâché** verschwendet – 16 **un mouton** Schaf – 17 **timoré** *ici :* prudent (vorsichtig), méfiant (misstrauisch) – 19 **menacer** bedrohen – 19 **paresseux** ≠ travailleur – 19 **louer** loben – 19 **flatter** schmeicheln

Pour finir, on doit apposer son nom sur une fiche de présence. Un enseignant à la barbe bien fournie me demande, abrupt :

– Votre nom, jeune homme ?

– Je… Oh non, je ne suis pas sur vos listes. J'accompagne mon amie, c'est tout.

Tout juste s'il ne me tend pas un écriteau sur lequel le mot « cancre » est inscrit avec une belle écriture en pleins et déliés.

Désolé, votre savoir ne me concerne pas. En revanche, posez-moi des questions sur la rimaye, les séracs et les précautions à prendre en cas de mauvais temps, je serai incollable. Surtout si vous oubliez de me demander pourquoi il faut rester encordé jusqu'au retour, sans exception.

Leila a du mal à s'arracher du lycée. Quand enfin nous en sortons, c'est pour nous avachir sur un banc, histoire de calmer les pulsations de son cœur. Elle a tout aimé, la grande cour et ses arbres ancestraux, les installations sportives au top avec la piscine, le self moderne, les chambres, le patio et la tête des autres élèves, décidés à consacrer deux ou trois ans de leur existence devant des feuilles de papier et des sales notes (ou pas).

Regard enthousiasmé pour les murs centenaires.

– Le problème, c'est le prix de la pension. Presque deux mille euros, comment je vais m'y prendre ?

– Travaille tout l'été, avec un peu de chance cela devrait suffire.

Son regard passe de mes yeux à mes cheveux, puis à ma bouche. Elle s'attarde enfin sur mes chaussures et me dit d'un ton hésitant :

– Mouais.

2 **fourni** *ici :* dicht – 6 **un écriteau** Schild – 7 **un cancre** un mauvais élève – 7 **en pleins** *mpl* **et déliés** *mpl* in dicken und dünnen Strichen – 8 **en revanche** par contre – 9 **une rimaye** Bergschrund, Randspalte eines Gletschers – 9 **un sérac** Eisturm, Eiszacke – 10 **incollable** *fam* imbattable (unschlagbar) – 14 **s'avachir** zusammenfallen – 16 **ancestral** très vieux – 17 **un self** une cantine – 26 **s'attarder** passer du temps

– J'attends plus de vigueur de votre part, mademoiselle. Vous voulez entrer dans cette école contre l'avis de vos parents, on va se débrouiller pour que vous y parveniez. Ils n'auront pas besoin de vous donner un centime, vous survivrez grâce à votre intelligence et votre débrouillardise.

– Bien m'sieur, je vais essayer de suivre vos conseils éclairés.

– Juste un détail : tu connais le latin et le grec ? Ils ont l'air de dire que c'est obligatoire.

Elle approuve d'un geste de la tête, presque gênée. Je ne lui demande pas combien elle a eu dans ces matières au bac. Tout d'un coup, j'ai honte de mes notes.

On rentre en courant, Leila donne l'impression de voler, le sourire collé aux lèvres. Je ne sais pas comment on va s'y prendre, mais il faut trouver un moyen pour qu'elle puisse être dorlotée dans ces vieux murs, entourée de livres et de savoir.

J'aime découvrir, sous les nuages qui m'étaient apparus d'abord, cette joie de vivre. Allez, on prend le pari. Elle sera étudiante de Lettres Supérieures au lycée du Parc.

On passe par la bibliothèque au retour, et Leila emprunte une dizaine de livres qu'elle devra avoir « fichés » pour la rentrée. J'admire son courage, elle respecte mon silence.

Le squat va devenir une annexe de la bibliothèque. Par curiosité, j'attrape un ouvrage de poésie.

Il faudrait que je me débrouille pour écrire plus fleuri, moi aussi.

Biblio thek

1 **la vigueur** la vitalité, l'énergie – 12 **voler** fliegen – 13 **s'y prendre** faire – 14 **dorloté** *ici :* umsorgt – 17 **un pari** Wette – 20 **ficher un livre** faire une fiche (résumé, impressions…) sur un livre – 22 **une annexe** *ici :* Nebengebäude – 23 **un ouvrage** un livre – 24 **fleuri** blumig

Ce soir, le vent est chancelant. Un vieux vent mystérieux que j'ai envie d'étrangler. Le temps a saisi la moiteur de l'été, il a cru que c'était l'aventure d'une soirée.

Toi tu es là, tu me prends par la main.

On court, on rit, on avance le long des quais de Saône.

La souplesse de tes gestes a gracié ma douleur.

Schmerz

↳ Leila hilft ihm mental

1 **chancelant** *ici :* hésitant, instable – 2 **étrangler** erwürgen – 2 **saisir** prendre – 2 **la moiteur** Feuchtigkeit – 6 **la souplesse** Geschmeidigkeit – 6 **gracier** begnadigen

En revenant de mon jogging, je trouve Leila près du robinet. À genoux, recroquevillée sur elle-même, secouée de spasmes.

– Qu'est-ce qui se passe ? Tu es malade ?

Elle me regarde, les yeux ailleurs. Dans un monde où je ne peux pas pénétrer. Non, pas malade. Ou alors de l'intérieur. Je la scrute, inquiet.

Elle a besoin de plusieurs minutes pour me répondre.

– Rien, je n'ai rien. Un peu fatiguée c'est tout.

Évidemment, elle me ment. Est-ce du mensonge, d'ailleurs ? Pas sûr. Elle est sûrement incapable de dire ce qui lui arrive.

On réagit comment, face à quelqu'un de dévasté ? Pas l'habitude, même pas celle de moi-même. Je l'aide à se relever, à remonter et je la prends dans mes bras. Maladroitement sans doute, mais avec toute la force dont je suis capable.

Laisse-toi aller, Leila. Permets à la lourdeur qui t'écrase de s'écouler, sers-toi de moi pour te reposer.

Et parle-moi si tu veux.

À moins que ce soit moi qui craque. Parfois, on a besoin de parler.

2 **recroquevillé (sur soi-même)** zusammengekrümmt – 2 **un spasme** Krampf – 6 **scruter qn** observer qn – 11 **dévasté** *ici :* zugrunde gerichtet – 13 **maladroitement** ungeschickt – 18 **à moins que** es sei denn – 18 **craquer** *ici :* zusammenbrechen

Après la cérémonie, quand on est sortis de l'église, les parents d'Antoine étaient là, juste devant moi. Je suis resté tétanisé, en essayant de maîtriser mon envie de fuir. S'il suffisait de demander pardon ! S'il suffisait de pleurer ou de claquer des doigts !

Ils ont toujours été gentils avec moi. On dormait souvent l'un chez l'autre, on dînait ensemble, on jouait l'incruste. Sa chambre était presque la mienne. Ses amis et ses affaires n'avaient pas de secret pour moi. On était l'un, on était l'autre, et nos rires étaient communs.

À présent…

Bon, je sais, je ressasse. Il faut que j'arrête.

Mais arrêter quoi, quand on a devant soi le visage ravagé des parents d'Antoine ?

– Tu as l'air épuisé, a fait observer son père. Et pâle.

Pas de réponse à afficher, qu'aurait-il fallu ajouter : « Vous aussi, vous avez une mine de déterrés » ou « Il est mort à cause de moi ; votre douleur, vous me la devez » ? Non, j'en aurais été incapable. Je me suis contenté de me dandiner d'un pied sur l'autre, impuissant à articuler le moindre mot. Lamentable et démuni.

– Tu es retourné en montagne ? m'a demandé sa mère, une bonne minute plus tard.

J'ai fait signe que non.

– Tu devrais, a-t-elle insisté avec un regard vers le ciel.

– Je n'y arriverais pas. Et je ne suis pas sûr d'en avoir envie.

Eux non plus ne semblaient pas à l'aise. Le plus vite possible, ils se sont éloignés de moi, la démarche lente. Gênés par les

2 **tétanisé** erstarrt – 3 **maîtriser** beherrschen – 4 **claquer des doigts** *mpl* mit den Fingern schnalzen – 7 **jouer l'incruste** *f fam* le fait de s'inviter / s'installer chez qn sans avoir été invité – 12 **ressasser** se répéter qc encore et encore – 17 **avoir une mine de déterré,e** leichenblass aussehen – 18 **devoir qc à qn** *ici :* jdm etw verdanken – 19 **se dandiner** watscheln – 20 **lamentable** jämmerlich – 21 **démuni** *ici :* hilflos – 28 **une démarche** une façon de marcher

poignées de mains des multiples personnes qui venaient encourager, compatir.

De l'arnaque complète ; les gens cherchaient avant tout à se donner bonne conscience, à se sentir en vie. Enfin je crois. Après la cérémonie, ils ont ravalé leur tristesse avec un bon petit verre de Gentiane, et la vie a repris son cours.

Pour les gens.

Mais les parents d'Antoine, je suis sûr qu'ils sont dans le même état que moi, anéantis. Même s'ils ne sont pas responsables de ce qui s'est passé.

Eux.

1 **une poignée de mains** *fpl* Händedruck – 2 **compatir** Anteil nehmen, mitfühlen – 3 **une arnaque** *fam* Nepp – 6 **la Gentiane** une liqueur faite à partir de *gentiane* (Enzian) – 9 **anéanti** niedergeschmettert

Revoir mes montagnes ? Revoir mes parents ?

– Je n'ai aucune envie de rentrer chez moi. Je n'en aurai pas la force. Pas plus aujourd'hui que demain.

J'essaie de rattraper les sanglots qui partent de mes yeux et dégoulinent. Peine perdue, ils sont plus forts que moi.

Et je m'en fous, après tout.

Leila me prend la main.

– Je ne sais rien de ce qui compte pour toi.

Il n'y a rien à expliquer, juste une image, celle d'Antoine qui disparaît. Et un hurlement dévalant le ravin. Après c'est le néant tout autour. Lui, moi, le couple qui dévore son sandwich, l'aiguille d'Argentière qui s'évanouit sous mes pas. La tache rouge et bleue tout en bas. Le guide qui s'agite.

Et l'hélico qui aspire l'air dès qu'il arrive.

Les yeux velours de Leila ne me quittent pas.

– Tu devrais m'en parler, dit-elle. Parce que je ne suis personne, moi. Juste une fille croisée par hasard. Quand tu auras réintégré ta vie, tu ne me verras plus. Tu n'auras pas honte de m'avoir confié ton secret. Moi, je l'aurai posé dans un coin de mon crâne, il n'en bougera pas, au chaud et bien gardé.

– Arrête, Leila. Tu sais qu'on n'est pas des inconnus l'un pour l'autre. Je te promets que, dès que je serai capable de parler, tu seras la première au courant. C'est juste que pour l'instant, les mots ne passent pas.

Sa touffe de cheveux se colle à mon visage.

– Prends le temps qu'il faut.

– On va se balader ? je propose d'une voix trop rauque pour être honnête.

Elle hoche la tête et montre le ciel, là-haut.

4 **un sanglot** Schluchzer – 5 **dégouliner** couler – 5 **peine perdue** vergebliche Mühe – 12 **s'évanouir** *ici :* disparaître – 14 **un hélico** *abrev de* hélicoptère (Hubschrauber) – 19 **confier qc à qn** jdm etw anvertrauen – 25 **une touffe** Büschel – 27 **rauque** rau

– Par là. On s'en va vers le soleil, viens. Il nous tiendra chaud.

Cette fille est dingue.

Et je crois qu'elle me fait du bien.

En chemin, tandis que nous longeons les quais de Saône, elle me récite un poème. Par cœur. Il est pourtant interminable, *Le Bateau ivre*. C'est la première fois que je sens le cœur d'un poème battre ; jusqu'à présent pour moi la poésie était forcément ânonnée. La récitation au sens scolaire du terme tue la poésie, elle l'enferme dans un cadre et lui donne des explications, alors qu'il y a besoin de papillons, de bonheur et de clins d'œil pour l'apprécier.

J'ai rattrapé les vers où elle en était.

Reconstitution approximative :

– Je sais les cieux crevant en éclairs, et les trombes
Et les ressacs et les courants : je sais le soir,
L'aube exaltée ainsi qu'un peuple de colombes,
Et j'ai vu quelquefois ce que l'homme a cru voir !

Elle s'arrête pour reprendre son souffle.

– C'est fini ? je demande.

Elle secoue la tête en riant. Apparemment, elle n'en est même pas à la moitié.

– Mais c'est quoi, ce que l'homme a cru voir, à ton avis ? Et comment peut-il être sûr de l'avoir cerné ?

Leila s'arrête une seconde. Son œil pétille, son cerveau carbure. Elle finit par me dire :

– Quand il y a des nuages ou de la brume, quelquefois on a l'impression qu'il n'y a rien derrière. Mais si tu connais le paysage, si tu l'as déjà vu, tu sais bien que la terre ne s'arrête

Bezug zum Titel

2 **dingue** *fam* fou – 5 **réciter** aufsagen – 6 **ivre** (be)trunken – 8 **ânonner** stockend aufsagen – 10 **un papillon** Schmetterling – 10 **un clin d'œil** Augenzwinkern – 14 **les cieux** *pluriel de* ciel – 14 **crever** *ici :* aufplatzen – 14 **un éclair** Blitz – 14 **les trombes** *fpl ici :* Ströme – 15 **le ressac** Brandung – 15 **le courant** Strom – 16 **l'aube** *f* Morgengrauen – 16 **une colombe** Taube – 23 **cerner** *ici :* comprendre – 24 **carburer** *fam ici :* rundlaufen – 26 **la brume** Nebel

pas à cinq mètres. Ce que tu vois n'est pas ton seul horizon. Il faut oser aller au-delà, te risquer à avancer dans le flou. Parce que tu découvres des trucs géniaux, ensuite. Il y a un monde derrière le monde.

S'ensuit une longue explication que je serais incapable de retranscrire, mais que Leila a résumé ici.

- Le poète doit se faire voyant « par un long, immense et raisonné dérèglement de tous les sens ».
- Il voit ce qui est invisible à l'œil des autres. Aventures inédites, expériences mystiques.
- Il faut se laisser mener par le délire, par l'imagination et l'ivresse poétique.

Comprenne qui pourra. N'empêche que Rimbaud est puissant, plus que je ne l'aurais cru.

Bien la première fois que je m'en rends compte.

Et que j'ai envie d'aller au bout d'un poème aussi long.

2 **le flou** Verschwommenheit – 7 **un voyant** *ici :* Hellseher – 8 **raisonné** → la raison (Vernunft) – 8 **un dérèglement** Verwirrung – 10 **inédit** *ici :* nouvelle – 11 **le délire** Wahn – 12 **l'ivresse** *f* Trunkenheit, Rausch

À la boulangerie, la vendeuse a le sourire. Elle discute avec un client des festivités à venir. « On a de la chance à Lyon, c'est une belle ville et les activités sont nombreuses. La Fête des Lumières, en hiver, quelle merveille ! »

J'écoute d'une oreille distraite, mais je ramène l'info à Leila.

– Tu sais qu'on est le 13 juillet ? Ce soir, il y a un bal à la caserne de Gerland. Si j'ai bien compris, il y en a d'autres aussi, mais ils sont plus loin.

– Pas de feu d'artifice ?

– Si, demain depuis la colline de Fourvière. Ça te tente ?

Elle me fait signe que oui, pourquoi pas. Chez moi, le feu d'artifice est réservé au 15 août, pour la Fête des Guides. On a droit à un défilé des guides en grand uniforme, des tonnes d'activités notamment aux Gaillands transformés en terrain de jeux pour l'occasion, et un feu d'artifice quand la nuit est tombée. Une semaine à l'avance, mon père est déjà à cran pour préparer les animations et commander ce qui est nécessaire.

Quant à un bal populaire… Je sais à peine ce que cette expression renferme. Quel genre de musique, quel public, combien de temps ? Est-ce que je serai capable de tenir le coup et de jouer le jeu pendant la durée minimale prévue ?

Même Leila en doute ; elle me dévisage avec une certaine curiosité.

À l'heure prévue, on s'habille du mieux qu'on peut, c'est-à-dire que Leila enfile une robe d'été, et moi un bermuda avec une chemise à peu près repassée. Et c'est parti. Nous suivons des hordes de touristes, déjà bien éméchés. Plus on avance, et moins j'ai envie d'assister à ce foutu bal. Désolé, je ne suis pas un bon camarade, déjà naturellement je ne suis pas un grand fêtard, alors tu imagines en ce moment…

2 **une festivité** une fête – 9 **un feu d'artifice** Feuerwerk – 13 **un défilé** Parade – 16 **être à cran** *fam* auf hundertachtzig sein – 18 **populaire** → le peuple – 20 **tenir le coup** etw aushalten – 21 **jouer le jeu** mitmachen – 26 **repassé** gebügelt – 27 **des °hordes** *fpl* **de** un grand nombre de – 27 **éméché** qui a bu de l'alcool – 30 **un fêtard** qn qui aime faire la fête

Devant l'entrée de la caserne (je m'auto-congratule, aucune erreur dans l'itinéraire, alors qu'on a juste regardé une fois un plan affiché dans la rue), la foule est encore plus dense. Des odeurs de cigarette, de haschich, de transpiration.

Si c'est au-dessus de mes forces, tu me pardonneras ?

L'entrée est payante, c'est ce qui nous sauve. Leila s'arcboute sur le fait qu'elle ne veut pas dépenser dix euros pour un bal. Je crois qu'elle n'a pas un sou devant elle ; je n'avais pas réalisé à quel point elle était fauchée. Il faudra que je sois vigilant.

Retour tout doux.

Je passe un doigt sur son visage. Sa douceur me surprend. Depuis combien de temps n'ai-je pas touché le visage d'une fille ? Il y a eu Serena, quand on était en seconde. J'étais raide dingue d'elle, mais elle est retournée en Angleterre en même temps que ses parents, quand ils sont rentrés au pays.

Depuis, le néant.

Que j'ai comblé avec l'appel des cimes.

Antoine et moi, on avait toujours le nez en l'air : on ne parlait que montagne, on ne rêvait que montagne. On ne vivait que pour elle. La neige, le ski, la glace, les sensations, le froid qui pique, l'effort et l'envie de se dépasser. Et aujourd'hui qu'Antoine est enterré sous la terre, je me sens nu.

Vide.

Creux.

Et coupable.

Mais ce n'est pas une raison pour me jeter sur la première fille qui se sent seule elle aussi. On ne comble pas sa rancœur en l'accolant avec celle de quelqu'un d'autre. Alors mon doigt, qui s'attardait sur la joue de Leila, s'évanouit dans le vide.

gesammter Lebensinhalt

3 **la foule** Menge – 3 **dense** dicht – 6 **sauver** retten – 6 **s'arcbouter sur qc** *ici :* citer qc comme raison, comme justification – 8 **pas un sou** pas d'argent – 9 **être fauché** *fam* pleite sein – 9 **être vigilant** faire attention – 13 **raide dingue** *fam* très amoureux – 17 **combler** (er)füllen, ausgleichen – 17 **une cime** Gipfel – 22 **nu** nackt – 24 **creux** hohl – 27 **la rancœur** Groll – 28 **accoler qc avec qc** mettre qc avec qc

– Tu sais, je… je ne crois pas que ce soit une bonne idée de…

Elle lève ses yeux sur moi, hésite quelques secondes et sourit :

– C'est même une très mauvaise idée. Mais je crois que j'en ai envie… À bout de force, tu vois. Un pantin qui ne sait pas comment réagir, auquel on n'a jamais rien appris. Ou plutôt si, mais justement, on lui a seulement appris les trucs qu'il ne doit pas faire. Alors un jour, les interdictions débordent.

Elle se rapproche encore de moi et pose sa tête sur mon épaule. Après tout, oui, deux solitudes qui s'assemblent peuvent apporter de la douceur. C'est déjà beaucoup.

– Chez moi, m'explique-t-elle, les filles n'ont pas le droit de sortir. Tant qu'elles sont gamines, tout va bien. Tu gambades gentiment auprès de maman, tu t'amuses et tu tapes dans un ballon. Tu crois que c'est ça, la vie : des jeux et des fous rires. Et puis un jour, tu as tes règles.

Sa respiration gonfle son torse avec régularité. J'aime ce contact, j'aime cette synergie de chaleur et d'énergie.

– Avec le sang qui coule, tout est fini. Tu es devenue une femme, et les portes se referment. Un nouveau démon apparaît, il s'appelle « sexe fort ». L'homme devient dangereux. Avant, c'était ton père ou ton frère, ton camarade de jeu. Maintenant, c'est juste marqué « Danger ». Tu dois porter un voile pour ne pas attirer les garçons. Tu dois rester à la maison, te montrer docile, oublier l'effronterie et les éclats de rire. Tu dois aider ta mère, ne pas trop réclamer et agir conformément aux ordres de tes frères et de ton père.

Finalement, même si c'est une mauvaise idée, je reprends ma caresse sur le visage. Forcément, je suppose que c'est interdit dans le monde que tu me décris. Mais si tu es là avec moi, c'est que certaines barrières ont déjà été franchies, non ? Ta peau est douce, chaude. Mes yeux veulent t'inciter à parler encore. Si tu en ressens le besoin.

4 **être à bout de force** *f* ne plus avoir de force – 4 **un pantin** une marionnette – 7 **déborder** *ici :* être en nombre trop important – 12 **gambader** marcher – 16 **gonfler** *ici :* remplir d'air – 16 **le torse** *ici :* Brust – 24 **docile** folgsam – 24 **l'effronterie** *f* Dreistigkeit – 25 **réclamer** fordern – 28 **une caresse** Liebkosung

– Ce n'est pas trop dur d'avoir arrêté le voile ? Tes parents sont au courant ?

– Oui, je l'ai enlevé au début de mon année de Terminale. Mon père m'obligeait à l'enfiler quand on avait du monde à la maison, c'est tout. Je ne le mettais pas au lycée, ni dans la rue, sauf quand j'étais en famille… Tu n'imagines pas les problèmes que cela posait à la maison ! J'étais une rebelle, presque une enfant maudite.

Elle s'arrête un instant et reprend d'une voix plus grave.

– « Les Français t'ont contaminée », me répétait mon père. C'est pour ça qu'il fallait vite que je trouve ma voie : pour éviter à Chaytan de me détourner du droit chemin.

– En fuguant, tu as laissé le Mal t'envahir.

Elle hoche la tête.

– Je ne crois pas être une mauvaise musulmane parce que je ne porte pas le voile. Il y a une vingtaine ou une trentaine d'années, les femmes qui portaient le hidjab étaient moins nombreuses, et puis la révolution islamique est passée en Iran, progressivement elle a gagné les autres pays. Le Niqab a fait son apparition. Maintenant, quand tu ne te voiles pas, c'est que tu renies Allah.

– Même si ce n'est pas le cas…

– Bien sûr que non, pour ma part cela n'a rien à voir, ni avec Dieu, ni avec la religion, ni avec la spiritualité. Ma mère oppose le voile avec la mini-jupe et le string, je ne comprends pas le rapport. Comme s'il n'y avait que ces deux extrêmes !

Ses yeux perlent, elle est encore plus belle.

8 **maudit** verdammt – 9 **grave** *ici :* tief – 10 **contaminer qn** jdn anstecken – 11 **une voie** Weg – 21 **renier** verleugnen

La nuit, quand le sommeil me gagne enfin, je rêve d'escalade, de course sur glace. Je vois le visage d'Antoine. Il me raconte une vanne ou deux, il éclate de rire.

Mais son rire éclate en morceaux. Des bouts de verre me sautent à la figure, me déchiquètent le visage. Et je pleure. Même mes sanglots se transforment en bouts de verre qui déchirent tout sur leur passage.

Ce cauchemar revient toutes les nuits. Il cristallise mes angoisses.

Ne plus jamais m'endormir, torturer ces visions.

Me réchauffer dans l'odeur des cheveux de Leila, accepter de me confier à elle, comprendre enfin comment je m'y prendrai pour lui raconter ce qui n'est pas racontable.

Accepter ce qui est arrivé.

Et apprendre à marcher sur des éclats de verre.

Et apprendre à marcher sur des éclats de verre.

Alptraum

→ pense qu'il doit accepter ce qui est arrivé

veut parler avec Leila

3 **une vanne** *fam* une blague – 4 **éclater en morceaux** *mpl* in Stücke zerpringen – 5 **la figure** le visage (Gesicht) – 5 **déchiqueter** zerfetzen – 6 **déchirer** zerreißen – 15 **un éclat de verre** *m* Glassplitter

Wendepunkt in seinem Denken

Il aurait fallu sourire à l'infini.

Mais j'ai eu peur de l'inconnu.

On s'est fait embaucher chez Bato, finalement. On s'est dit que ça nous motiverait d'y aller tous les deux. Et puis Leila a besoin d'argent ; dès la fin du mois d'août elle doit payer son internat. Je n'ai pas les mêmes impératifs, parce que mes parents m'ont donné un peu d'argent, mais ça ne tiendra pas longtemps.

Quand même, travailler chez Bato ! Tous les deux, en plus !

– Tu ne me regardes pas en rigolant quand un client me fait tourner en bourrique, promis ?

Je promets. Je promets aussi de lui donner l'argent que je gagnerai, elle en a plus besoin que moi.

– Non, pas question. Je veux être autonome.

– Écoute, je n'ai pas franchement besoin de cet argent. Tandis que toi, oui. Dès septembre, tu enchaîneras les cours d'histoire et de philo, de français et d'allemand. Tu seras géniale, et les profs te regarderont avec le respect que tu mérites. Le soir, tu travailleras dans ta petite chambre d'internat. Peut-être qu'une fois par semaine, tu prendras deux ou trois secondes pour penser à moi. Et à ta famille.

Les lèvres de Leila se mettent à trembler. Elle secoue la tête et murmure :

– En fait, je ne sais pas si j'en ai envie. À quoi ça me mènera, de tout connaître sur Hegel et le règne de Louis XIV ? Au final, mon père a raison, il vaudrait sans doute mieux que j'apprenne la comptabilité.

J'ai cru que j'allais me mettre en colère.

– Ça te mènera à vivre ta vie, à savoir qui tu es. À devenir savante. Et à descendre le long des fleuves impassibles, si je me souviens bien des poèmes que tu aimes.

Leila rigole ; je ne sais pas trop d'où me viennent ces idées. Peut-être qu'aux côtés d'une intellectuelle, on finit par le devenir un peu soi-même ?

4 **un impératif** zwingendes Erfordernis – 7 **faire tourner qn en bourrique** jdn verrückt machen – 27 **savant** → savoir – 27 **impassible** qui ne montre aucune émotion / réaction

obtenir son but, une volonté

– Ne laisse pas tomber, pas avant d'avoir commencé. Tu es trop forte et trop intelligente pour te faire dévorer par ta famille.

La première journée se déroule aussi mal que prévu, avec un Jean-Pierre-directeur-adjoint à l'affût de nos bêtises. On porte un badge sans équivoque, sur le mode « Leila, vendeuse », avec le sourire assorti à la fonction.

Le premier soir, on ne tient plus debout. Dur de se traîner jusqu'au squat.

– Regarde ! s'exclame Leila. Mes pieds ont doublé de volume. Je déteste ce job. On n'a travaillé que huit heures, je suis déjà épuisée.

– On pourrait livrer des pizzas, si tu préfères. Ou chanter des chansons en tendant notre chapeau. Les gens seraient peut-être émus de nous entendre, ils nous fileraient des pièces et applaudiraient.

Parce que les applaudissements, on n'en reçoit pas beaucoup, quand on est vendeur chez Bato. Les gens ne sont jamais contents. Ils nous demandent toujours des paires différentes. Et on doit cavaler pour aller récupérer les boîtes, constater qu'on n'a pas la bonne pointure, accepter avec le sourire que les gens râlent. Et attendre que la fin de journée arrive. Ranger les cartons d'invendus, et essayer de continuer à rester debout.

J'espère qu'il existe des métiers plus épanouissants.

Et je ne parle pas de guide de haute montagne, merci de ne pas relever l'allusion.

Les journées passent lentement, les soirées galopent et les nuits cauchemardent. J'ai l'impression d'être dans un ailleurs qui ne ressemble à rien, et surtout pas à ce qui me conviendrait.

Peut-être que le tissage de mes rêves était trop lâche ?

Il faut que j'arrive à en parler, briser la glace de la mort.

Leila, écoute. J'ai un truc à te dire.

4 **être à l'affût** *m* **de qc** auf etw lauern – 5 **sans équivoque** très clair – 6 **assorti à qc** qui va avec qc – 14 **ému** bewegt – 19 **cavaler** *ici : fam* courir – 20 **une pointure** Größe – 21 **râler** meckern – 23 **épanouissant** bereichernd – 25 **relever** noter – 25 **une allusion** Anspielung – 29 **le tissage** Weben – 29 **lâche** *ici :* locker – 30 **briser la glace** das Eis brechen

Je me lance et je raconte :

– Au début, la course vers l'aiguille d'Argentière est super facile, on suit un bon petit sentier qui commence au bout de la terrasse du refuge. Puis très vite, on entre dans la moraine, avec un gros tas de cailloux qu'on traverse au jugé. Des ronds jaunes permettent de se guider. Il faut juste être attentif à ne pas glisser. Je le sentais bien, je me sentais bien. Antoine, à côté de moi, enchaînait les vannes minables, comme il adorait le faire.

Ensuite, on a marché en silence, parce que les affaires sérieuses commençaient, quand on a pris pied sur le glacier du Milieu, qui mène directement au sommet. On s'était encordés, toutes les précautions étaient prises, rien à signaler d'autre.

« Vraiment aucune chance de se perdre », j'ai murmuré, comme pour me rassurer.

Il suffit de remonter le glacier en son centre, en se méfiant des crevasses. La seule difficulté, c'est la longue pente de la fin, qui est très inclinée. Comme on est presque à 4000 mètres, on sent les effets de l'altitude. C'est long et crevant. Mais on a bien grimpé, on tenait les horaires, si bien qu'on talonnait l'autre cordée, où le mari semblait à l'agonie. La femme allait bien, elle encourageait son homme à grands coups de « Dépêche-toi, tu retardes tout le monde ». À tous les deux, ils formaient un drôle de couple, la machine à vapeur et le chamois. Et avec eux, le guide qui se taisait.

On s'est reposés quelques minutes au niveau d'un bec rocheux. J'ai avalé une barre énergétique de céréales. Je me souviens, on a parlé de mon père, qui avait fait cette course aussi, quand il avait dix-huit ans. Il en gardait un souvenir ému. C'est sans doute par rapport à lui qu'on s'est lancés ici, en ce début de saison.

3 **un sentier** un chemin – 5 **au jugé** nach Augenmaß – 8 **minable** nul – 16 **une crevasse** Gletscherspalte – 16 **une pente** (Ab)Hang – 17 **incliné** abschüssig – 18 **l'altitude** *f* Höhe – 18 **crevant** *fam* fatigant – 19 **grimper** *fam* monter – 19 **tenir les horaires** *mpl* respecter le temps prévu – 19 **talonner qn** suivre qn de près – 20 **une cordée** Seilschaft – 20 **être à l'agonie** souffrir beaucoup, ne plus avoir de force – 23 **une machine à vapeur** *f* Dampfmaschine – 23 **un chamois** Gämse

« Tu as de la chance, tes parents sont super », a dit Antoine.

Et sans attendre de réponse de ma part, il a vérifié s'il était bien encordé et s'est préparé pour repartir.

Mes parents, super ? Je n'avais jamais pensé les choses en ces termes. Sa phrase m'a trotté dans la tête durant les longueurs qu'il restait.

En haut, il faut suivre le col vers le sommet.

L'arête est parfois fragile, il faut se méfier. Un guide est mort ici, il y a quelques années, parce que la corniche neigeuse lui a explosé à la figure. Mon père me l'a redit avant qu'on parte.

Des histoires tragiques, il y en a plein les bouches. La montagne est une avaleuse de corps. On le sait, on a l'impression de s'en satisfaire, jusqu'au moment où on en fait les frais directement.

On a continué les derniers mètres, sous le choc du paysage qui s'affichait partout autour.

3901 mètres et le panorama le plus génial qui soit.

On domine le bassin d'Argentière, et de l'autre côté la Suisse et le glacier de Saleina. Somptueux, incroyable, génial. Surtout que le temps était clair, le vent inexistant et la lumière magnifique.

Les conditions idéales.

La pause au sommet, c'est la récompense après l'effort. Le bonheur des yeux, des papilles et du cœur, qui peut se reposer.

Je me suis assis près de l'autre cordée. Le type qui n'en pouvait plus respirait si fort que le guide commençait à s'inquiéter. La femme prenait des tonnes de photos, elle n'arrêtait pas de dire « c'est magnifique » sur différents tons – tellement que c'en était presque drôle.

« On casse la croûte de l'autre côté ? » a proposé Antoine, qui aime bien sa tranquillité.

7 **un col** *ici :* Pass – 8 **une arête** *ici :* Grat – 9 **une corniche** Vorsprung – 13 **faire les frais** *mpl* **de qc** für etw bezahlen – 17 **dominer qc** *ici :* voir qc de haut – 17 **un bassin** *ici :* Becken – 18 **somptueux** prächtig – 22 **une récompense** Belohnung – 29 **casser la croûte** *fam* manger

L'aiguille d'Argentière possède un sommet ouest, un peu moins haut. Il est généralement moins fréquenté. Pour l'atteindre, il faut emprunter une courte arête aérienne à gauche du col.

J'avais déjà retiré mon blouson et sorti mon sandwich ; aucune envie de bouger. J'ai fait signe à Antoine que je préférais rester là, au moins quelques minutes.

« Moi j'y vais », a-t-il décidé.

Mais comme nous étions encore encordés, il fallait qu'il se détache, la distance était trop longue.

« Comme tu veux », j'ai dit.

Il a enlevé la corde et s'est dirigé en sifflotant vers l'autre sommet.

Le con, il sifflotait.

Et moi, pauvre con aussi, je le regardais, heureux d'être là, d'avoir réussi sans l'aide de personne. J'étais si content de moi en mordant dans mon sandwich à la tomme ! Mon « Comme tu veux » allait me sauter à la gorge jusqu'à la fin de ma vie.

Avec son bras droit, il m'a fait un petit signe, qui ressemblait à « Allez, viens, on sera mieux là-bas ».

Est-ce que c'est ce signe qui l'a déstabilisé ?

Est-ce qu'il a voulu se retourner ?

Je n'en sais rien, je ne le saurai jamais. Tout ce que j'ai vu, c'est qu'il a plongé dans le vide en poussant un cri. Je l'ai vu disparaître, je l'ai entendu hurler. La corde inutile s'enroulait autour de moi ; j'étais encore mousquetonné. Mais de l'autre côté, rien. Le néant qui se balance dans le vide.

Six cents mètres plus bas, le cri a cessé. Drôle de silence. On aurait même dit que le mec épuisé de l'autre cordée avait cessé de respirer.

« Antoine », j'ai dit d'une voix faible.

Même sans avoir penché la tête pour voir, je savais qu'il ne pouvait pas être vivant. Le vide était trop vide, tout autour.

2 **fréquenté** vielbesucht – 3 **emprunter** *ici :* prendre – 11 **siffloter** vor sich hin pfeifen – 16 **la tomme** une sorte de fromage des Alpes – 25 **mousquetonné** → un mousqueton (Karabinerhaken)

Impossible de se rattraper quelque part. Mon estomac s'est comprimé, le sang s'est retiré de mes veines. Je n'étais plus qu'une lame de douleur qui avalait tout sur son passage.

J'ai fermé les yeux et j'ai répété « Antoine » de plus en plus fort, presque à en devenir dingue, jusqu'à ce que le guide me secoue pour que j'arrête.

Et moi qui me croyais presque aussi fort qu'un professionnel, j'ai compris que je n'étais qu'un bébé. À cause de tous les tremblements qui m'ont pris, de mon incapacité à savoir comment réagir, de mes hurlements que je ne parvenais pas à taire.

Il a tout pris en charge, le vrai guide des Houches. Et je me suis effondré dans les bras de ses clients.

Je trouve bien que + subjonctif
Je trouve qu'il a vraiment raison de

2 **se comprimer** *ici :* sich spannen – 2 **une veine** Ader – 3 **une lame** *ici :* Welle – 13 **s'effondrer** zusammenbrechen

Le cri, le silence. Le paysage qui se grise d'un coup, les nuages qui se forment en un instant. Et quand j'ai eu la force de me pencher vers le bas, la forme rouge et bleue, beaucoup trop loin.

C'était fini, forcément fini.

Antoine s'était écrasé à un endroit inaccessible. On ne pouvait pas le récupérer.

Le guide a appelé les secours. C'est la première fois que j'appréhendais de voir la ronde de l'hélicoptère autour de nous. On a d'abord entendu le bruit, multiplié par l'écho. Et puis l'appareil est arrivé. Il est d'abord passé à notre hauteur, a tourné quelques minutes dans les parages, et s'est stabilisé autour de la tache bleue et rouge, en bas.

Ils l'ont hélitreuillé. Quand on a commencé la redescente, nous autres vivants, à pied, on voyait encore l'hélico qui s'éloignait, avec le corps qui se balançait au bout de la chaîne. J'étais incapable de penser à quoi que ce soit. Mes pieds avançaient l'un devant l'autre machinalement ; mon cerveau était engourdi dans le froid et la neige. Dix fois, j'ai failli tomber, moi aussi, parce que j'étais incapable de me concentrer. Le guide m'avait encordé à son équipe, évidemment, mais il a resserré les liens. Et il a commencé à avoir peur que je me jette dans le ravin et que je les entraîne tous dans ma chute, parce que je fixais le vide.

Non, même pas capable de ça.

Capable de rien, en fait. J'étais en apnée, en marche automatique. Totale incapacité à penser à ce qui était en train de se passer. Je ne sais même plus le nom du couple ; quant au guide des Houches, je l'ai revu lors de la cérémonie d'enterrement. Marco Lestac.

8 **appréhender de faire qc** avoir peur de faire qc – 11 **dans les parages** *mpl* pas loin – 13 **hélitreuiller qn** attacher qn au *treuil* d'un hélicoptère (Winde) – 18 **engourdi** träge – 20 **resserrer** fester ziehen – 25 **en apnée** *f* sans respirer

Devant les téléphériques, une équipe de secouristes nous attendait. Ils ont vérifié qu'on allait bien physiquement, et nous ont escortés jusqu'en bas, pour le cas où on aurait été incapables de le faire nous-mêmes.

A l'arrivée, ma mère faisait les cent pas. Les nouvelles vont vite dans le secteur. Elle m'a pris dans ses bras. Premier tourbillon de larmes.

Ensuite, je ne sais pas, je ne sais plus. Je crois que j'aurais préféré crever à la place d'Antoine plutôt que de voir ses parents. D'entendre leurs reproches muets, de sentir leur détresse, de raconter la chute.

Le signe de la main, le cri, le silence.

Et ma bêtise.

Pourquoi j'avais accepté qu'il se détache ? Pourquoi j'avais refusé de le suivre jusqu'au sommet ouest ? Pourquoi j'avais dit « Comme tu veux » quand il s'est désencordé ? Ma responsabilité, c'était de le garder vivant jusqu'au bout.

1 **un secouriste** Sanitäter – 3 **escorter qn** accompagner qn – 6 **un tourbillon** *ici :* Strudel – 9 **crever** *fam* mourir – 10 **la détresse** Verzweiflung

Leila m'écoute avec ses yeux noirs et doux, des yeux de chat ou d'extra-lucide. Elle n'essaie pas de me trouver des excuses ; elle ne prétend pas qu'Antoine s'est jeté dans le vide tout seul, que je ne suis pas responsable.

Elle m'enveloppe de sa chaleur, et c'est déjà ça.

Ensuite, je ne sais pas trop ce qui se passe. On boit un peu, beaucoup, trop, je n'en sais rien.

Ce qu'il reste, c'est un mal au crâne géant, au matin.

Et des pieds en bouillie avant même d'aller travailler.

Le brouillard toute la journée. En même temps que la douceur de me savoir libéré d'un poids. Un peu, beaucoup, trop, je n'en sais rien.

– Oui Madame, vous êtes intéressée par cette paire ? Quelle pointure, je vous prie ? Bien évidemment, je vais la chercher en réserve.

De son poste au fond du magasin, Leila me sourit. Elle a mauvaise mine, elle aussi. Et durant la pause de midi, nous nous effondrons dans la réserve pour dormir quelques minutes, à peine la force de terminer notre sandwich.

– J'aime quand mes employés sont opérationnels et vaillants, grince Jean-Pierre-directeur-adjoint, qui nous foudroie du regard.

Volontiers, vous nous donnez la recette de la vaillance. Trois grammes de bonheur qu'on distille avec deux gouttes de douceur et une pincée de chance. Et si on n'a rien de tout ça en stock, alors on jette n'importe quel ingrédient dans la marmite. On attend que ça grillotte en espérant que ça ne crame pas.

Et tant pis si le goût est détestable. Il suffit d'y croire pour le rendre acceptable.

2 **lucide** scharfsinnig – 9 **une bouille** Brei (*ici : fig*) – 10 **le brouillard** Nebel – 20 **opérationnel** einsatzfähig – 20 **vaillant** énergique – 21 **foudroyer qn du regard** jdn mit seinen Blicken töten – 25 **une pincée** Prise – 25 **avoir qc en stock** etw vorrätig haben – 26 **une marmite** Topf – 27 **grillotter** *ici :* cuire (kochen) – 27 **cramer** *fam* brûler (brennen)

Le problème quand on travaille, c'est qu'il faut se lever tôt. S'habiller sans être trop froissé, donner l'impression de vivre « normalement ». Pas évident quand on est dans un squat, où tout est compliqué.

Surtout que, chaque matin avant le boulot, je cours. Indispensable jogging, qui dure trois quarts d'heure minimum. J'en ai besoin pour me vider la tête. Je reviens transpirant, je pends mes vêtements de sport sur un cintre pour les faire sécher, à défaut de les nettoyer. Et l'opération « se laver » démarre.

Il faut faire semblant de repasser ses vêtements, en les pliant et en les glissant sous des objets très lourds.

Charger son téléphone pour conserver un réveil avec batterie (je le fais à la boutique mais Jean-Pierre-directeur-adjoint laisse entendre que c'est abuser).

Se shampooiner les cheveux, sentir bon et paraître frais.

Le pire, c'est quand il pleut. Le squat n'est pas bien étanche, la tôle au-dessus laisse passer les gouttes. On se protège comme on peut, on a l'impression de jouer aux naufragés sur une île déserte, on prend sa respiration et on se dit qu'on ne tiendra pas éternellement.

On se serre l'un contre l'autre pour se donner du courage.

Le jeu : à qui lancera la meilleure vanne devant Jean-Pierre-directeur-adjoint, histoire de détendre l'atmosphère.

– Tu connais celle du prof de philo qui dit à ses élèves : « Les hommes intelligents sont toujours dans le doute. Seuls les imbéciles sont constamment affirmatifs. » Alors un élève lève la main et demande « Vous en êtes certain ? » Et le prof de répondre « Absolument certain. »

Ah ah. On n'a pas toujours le même humour, Leila et moi. Quant à Jean-Pierre-directeur-adjoint, il n'esquisse même pas un sourire.

2 **froissé** zerknittert – 8 **un cintre** Bügel – 9 **à défaut de faire qc** comme on ne peut pas faire qc – 10 **repasser** bügeln – 10 **plier** zusammenlegen – 12 **un réveil** *ici :* Wecker – 14 **abuser** *ici :* übertreiben – 16 **étanche** dicht – 18 **un naufragé** Schiffbrüchiger – 22 **une vanne** *fam* une blague – 26 **affirmatif** *ici :* sûr de soi

Putain.

Tu as envie d'avancer, de devenir adulte, tu y crois. Et au moment où tu es persuadé que tu vas atteindre le sommet, la tempête te balaye, toi et tes certitudes. Te voilà laminé, grelottant dans un coin obscur et glacial, loin si loin du haut de la montagne.

Tu es fini, plus rien de positif ne sortira de toi.

C'est la mort, ou ce qui y ressemble.

Une seule option, désormais : fuir. Et se perdre. Au-delà des limites, et plus loin encore. Dans un endroit où la douleur n'existe plus, désintégrée dans l'atmosphère. Hors atmosphère, en fait. À mi-chemin entre le néant et… le néant.

Leila apparaît, un sac rempli de victuailles à la main.

– J'ai pris du camembert et des compotes, ça te va ?

– Je rêve de jambon depuis des siècles.

– Sans moi. Tu te souviens que je ne mange pas de porc ?

Après tout ce qu'elle a fait, pourquoi croit-elle encore nécessaire de suivre les préceptes musulmans ? Pas besoin que je pose la question à voix haute, Leila me répond d'elle-même :

– Je continuerai à éviter le porc, aujourd'hui et demain. Et à faire le ramadan. Et la charité. Je ne renie pas l'islam, qu'est-ce que tu crois. Allah est grand. Simplement, j'essaie de m'y retrouver et de savoir qui je suis. C'est tout.

Ou ce n'est pas tout, vu son regard hésitant et ses cheveux en bataille, offerts au monde entier. Faudrait-il lui préciser que, pour se retrouver, il faut d'abord s'être trouvé un jour ?

En ce qui me concerne, j'ai vraiment l'impression d'avoir couru après un idéal non seulement inaccessible, mais encore futile.

3 **persuadé** sûr – 4 **une tempête** Sturm – 4 **balayer** *ici :* aus dem Weg räumen – 4 **laminé** stehend k.o. – 5 **grelotter** trembler de froid – 11 **désintégré** gespaltet, aufgelöst – 13 **des victuailles** *fpl* des choses à manger – 21 **la charité** Nächstenliebe, Wohltätigkeit – 29 **futile** sans importance

Futile, inutile, débile.

Comme moi.

Leila coupe la baguette et insère des tranches de camembert à l'intérieur.

– Combien tu en veux ? me demande-t-elle.

– Oui, comme ça, c'est parfait. Merci.

On se partage la bouteille de soda, on avale nos sandwichs. De l'extérieur, on paraît sans doute être un couple, ou des amis. C'est peut-être le cas, après tout. Simplement, en ce moment, je ne sais plus trop ce qu'est l'amitié. Elle me semble avoir dévalé un ravin et s'être disloquée là-bas, tout en bas, avec un long cri qui s'est tu subitement.

L'amour, n'en parlons pas. Même pas envie de terminer mon repas.

– Tu vas où ? me demande Leila.

– Sais pas. Envie de marcher. Seul.

Elle me laisse partir avec un froncement de sourcil.

Et si je ne revenais pas ? Et si j'abandonnais là le semblant de sécurité que j'ai trouvé, pour fuir encore ? Je ne veux pas de la pitié des gens, de l'attention de Leila, sa gentillesse. Je ne mérite rien.

11 **se disloquer** auseinanderbrechen, sich auflösen – 12 **subitement** soudain – 17 **un froncement de sourcils** *mpl* Runzeln der Augenbrauen – 20 **la pitié** Mitleid

Jean-Pierre-directeur-adjoint est exaspérant. Il surveille tout, nous prend d'emblée pour des voleurs et des fainéants, ne supporte pas notre complicité.

Dans un bel ensemble de critiques larvées et de regards courroucés, les employés le détestent.

Liste de ce qui cloche chez Jean-Pierre :

- Ses yeux de lynx qui repèrent une erreur de caisse à vingt mètres.
- Sa manière de nous demander de nous lever si par hasard on a osé s'asseoir (moins d'une minute sur une journée qui en compte quatre cent quatre-vingt, des minutes).
- Sa petite voix flûtée et les phrases qu'il répète environ huit cents fois par jour « Madame bonjour, je peux vous renseigner ? »
- Son incapacité à prononcer le mot « chaussure », qu'il remplace généralement par « chaussant » : « C'est un chaussant confortable. L'essayer, c'est l'adopter ! » ou « C'est un chaussant large, vous verrez ». On dirait qu'il a avalé le *Vocabulaire technique de l'industrie de la chaussure*, opus qu'il feuillette avec une mine extatique dès qu'il en a le loisir.
- Sa façon de souffler quand il a du mal à attraper une boîte située en hauteur. À croire qu'il s'exerce pour la « respiration du petit chien ».
- Ses sous-entendus grivois parce qu'il est persuadé que Leila et moi sommes ensemble.

Ah, et aussi : je ne supporte plus le logo de la marque. Bato, je te hais !

1 **exaspérant** énervant – 2 **d'emblée** dès le début – 2 **un fainéant** qn qui n'aime pas travailler – 3 **la complicité** *ici :* geheimes Einverständnis – 4 **larvé** caché, secret – 5 **courroucé** en colère – 6 **qc cloche** *fam* qc ne va pas – 7 **un lynx** Luchs – 12 **flûté** hell – 20 **feuilleter** durchblättern – 20 **extatique** → l'extase *f* – 21 **avoir le loisir de faire qc** pouvoir faire qc – 22 **souffler** *ici :* keuchen – 25 **un sous-entendu** Andeutung – 25 **grivois** schlüpfrig

Incroyable comme un chèque peut provoquer du plaisir.

Faut-il rester raisonnable et continuer le job ? Ou fuir comme nous le conseille notre envie ?

– J'ai envie de voir le mont Blanc, me dit Leila. Je ne me suis jamais aventurée au-delà de Grenoble.

Je secoue la tête, pas question. Moi j'ai envie de mer. La mer l'été, je n'ai jamais connu. Il paraît qu'il y a du monde, qu'il faut de la crème solaire et des sourires pour se lancer dans les vagues. Au début du mois de juillet, j'aurais refusé catégoriquement un séjour maritime ; aujourd'hui je donnerais bien mon chèque pour pouvoir me baigner.

Jusqu'à présent, j'avais le mont Blanc comme seule ligne d'horizon.

– On tire au sort, suggère Leila.

– Non, on va à la mer.

– Bon, alors on continue Bato. Je n'ai pas envie de la mer, moi.

– Ouais on continue Bato. Tant que ce n'est pas toute la vie.

On fait les comptes pour amasser ce qu'il faut pour l'internat. Le reste, on le claquera. Et surtout, je ne veux pas penser au mois de septembre.

Le samedi soir, j'accompagne Leila à la banque. On avait demandé à Jean-Pierre de laisser mon chèque sans ordre. Elle encaisse les deux – avec trop de sérieux. Dix fois, elle vérifie où il faut signer, dix fois elle s'assure que je suis d'accord pour lui donner mon argent.

– Mais oui, t'inquiète. Je me débrouillerai toujours. Toi, tu en as besoin rapidement.

– Je ne devrais pas. Tu as sué autant que moi pour le gagner.

– Je me fous de l'argent, je dis plus brutalement que je ne l'aurais voulu.

Leila se mord la lèvre et me dit doucement :

11 **se baigner** baden – 14 **tirer au sort** auslosen – 18 **amasser** *ici :* collecter – 19 **claquer** *fam* dépenser – 22 **un ordre** *ici :* sur un chèque, le nom du *destinataire* du chèque (Empfänger) – 28 **suer** schwitzen – 29 **qn se fout de qc** qc est égal à qn

– Mais tu pourrais t'acheter plein de trucs avec.

Je la regarde, presque énervé.

– Certaines choses ne s'achètent pas. Et ce sont les plus importantes. Alors arrête, n'insiste plus. Ou plutôt si, tiens, on va dire que c'est un prêt. Tu me rembourses dans dix ans. On se retrouve ici, jour pour jour, heure pour heure. Et tu me fileras un chèque du même montant.

5 **un prêt** Darlehen – 6 **filer** *fam* donner

Cette fois, elle est d'accord. Ses yeux pétillent et elle me chuchote :

– Compte sur moi. Le 12 août, dans 10 ans, à 19h49.

Elle inscrit enfin son nom dans l'espace réservé au destinataire. Fin de la discussion.

On sera encore ensemble, dans dix ans. Je le sais, je le sens.

Le soleil se couche en laissant une traînée rose et rouge au-dessus de lui. C'est beau, c'est calme et génial, mais ça ne nous mène nulle part. Tous les soirs, on a envie d'envoyer Bato aux oubliettes. Arrêter. Nos pieds explosés à force d'avoir piétiné. Nos zygomatiques bloqués à force d'avoir souri. Nos genoux douloureux à force de s'être agenouillés.

Partir. Fuir ! Là-bas fuir ! Quelque part ailleurs.

On n'y arrivera pas. La mer, c'est loin. Et on y fera quoi de plus qu'ici, à part se serrer sur une plage bourrée de monde et d'odeurs de crème solaire ?

Oublier qui on est, et c'est déjà beaucoup.

– Le Mont-Blanc, répète Leila.

C'est une obsession ? Apprends à te contrôler.

– Bon allez, si tu veux, une fois qu'on a récupéré assez d'argent pour ton internat, on va chez moi. De toute manière, je ne pourrai pas dormir toute l'année dans ce squat. Il faudra bien que je retourne à ma vie d'avant, ou que je trouve une vie d'après.

– T'es trop chou, me dit-elle avec un bisou sur la joue.

Très près des lèvres, le bisou. Et cette expression ne te ressemble pas. On a passé un stade, ou quoi ? Je ne suis toujours pas sûr que ce soit une bonne idée de coucher ensemble. On vit déjà l'un sur l'autre, l'un avec l'autre.

Alors, ajouter du sexe à ça…

En plus, tu sais très bien que tu dois rester vierge. C'est important dans ta religion.

Pour toute réponse (aux questions que je n'ai pas vraiment formulées), elle pose un doigt sur ma bouche.

– Chhhuuut. Parfois, il vaut mieux se taire.

Et dans ses yeux, je lis la suite de sa phrase : les mots peuvent être incandescents. Ou mordants.

Ou révoltants. Ou épuisants.

1 **une traînée** *ici :* Lichtschweif – 4 **piétiner** *ici :* rester debout et marcher peu (→ un pied) – 5 **un zygomatique** Jochbeimuskel – 13 **une obsession** Besessenheit – 18 **chou** *fam ici :* lieb – 20 **un stade** *ici :* une étape – 22 **l'un sur l'autre** *ici :* l'un très près de l'autre – 30 **incandescent** glühend – 30 **mordant** bissig – 31 **épuisant** fatigant

Et puis vient le jour où Jean-Pierre-directeur-adjoint se moque d'une musulmane qui veut acheter une paire de chaussures à talons, alors qu'elle porte une robe si longue qu'on ne voit que la pointe de ses pieds. Leila ne supporte pas, le ton monte, deux minutes plus tard nous annonçons que nous partons.

– Vous voulez dire que vous démissionnez ? Je vous préviens, pas question que je vous reprenne la semaine prochaine, quand vous serez calmés. Vous devriez avoir honte de me lâcher aussi brutalement !

– Pas d'inquiétude, Jean-Pierre, avons-nous répondu sans nous concerter. On a bien compris et on ne compte pas revenir. Plus jamais de chaussant confortable pour pieds sensibles !

On est sortis euphoriques de la boutique Bato, on a filé au petit supermarché d'à côté pour acheter de quoi festoyer, et on est rentrés. Leila chantonnait un refrain sorti d'on ne sait quel tombeau, un truc qui ressemblait à « Bato c'est finiiii, et dire que c'était mon tout premier boulot. Bato c'est finiiiii, je ne crois pas que j'y retournerai un jour. » Un mélange de romantique et de ringard 100% assumé. Par elle. Moi, j'ai subi. 100% stoïque. Applaudissez.

– On boit un coup à notre santé ? propose Leila, quand nous arrivons au squat.

Avec plaisir.

Par chance, on reste toujours silencieux en approchant du squat. Un arrière-goût d'angoisse d'être surpris par un visiteur nous oblige à garder le silence. Si bien que par (deuxième) chance, Leila oublie sa chanson ridicule.

Cinq minutes plus tard, elle tient à ouvrir elle-même la bouteille de mousseux.

– Laisse-moi faire, je lui dis en voyant qu'elle s'y prend super mal.

6 **démissionner** kündigen – 16 **un tombeau** Grabmal – 19 **ringard** *fam* démodé – 19 **assumé** *ici :* qu'on fait sans avoir honte – 19 **subir** erdulden – 29 **un mousseux** Schaumwein

– Tss, arrête avec tes préjugés sexistes. Je ne vois pas pourquoi je ne serais pas capable de…

Elle s'interrompt quand le bouchon explose. Le liquide gicle partout. Son tee-shirt est trempé. On éclate de rire.

– Est-ce que tu peux aller me chercher un tee-shirt sec dans mon sac ?

Quand je fouille à l'intérieur, j'y trouve un téléphone portable. Elle m'a pourtant signalé qu'elle n'en avait pas. Pourquoi cherche-t-elle à m'en cacher l'existence ?

Pas sûr que ce soit une bonne idée, mais je le glisse dans ma poche. Tout à l'heure, j'y jetterai un coup d'œil. Après le mousseux, après les baisers, après la danse de la victoire de fin de supplice.

La batterie du téléphone est presque à plat, j'ai le temps de me rendre compte qu'il n'y a pas de mot de passe permettant l'accès. Une petite musique chantonne que l'appareil est content de revenir à la vie.

184 messages.

Et crac, l'image d'une pile clignote, et l'écran redevient noir.

Cent quatre-vingt-quatre ! Putain de merde, mais pourquoi Leila refuse-t-elle d'en prendre connaissance ? Si ça se trouve, il est arrivé quelque chose de grave à sa famille. Il faudrait le savoir.

Je n'ose pas. Alors je reste là, téléphone en main, un peu ahuri, soit par le mousseux, soit par les cent quatre-vingt-quatre messages.

– Leila, j'ai trouvé ça dans ton sac.

Son tee-shirt blanc et vert est froissé mais tout propre. Je ne l'avais jamais vue avec. Elle s'approche, m'arrache l'appareil des mains et me fusille du regard :

1 **un préjugé** Vorurteil – 4 **trempé** klatschnass – 13 **un supplice** une torture (Qual) – 14 **à plat** *ici :* vide – 19 **une pile** Batterie – 19 **clignoter** blinken – 24 **ahuri** sprachlos – 28 **froissé** zerknittert – 30 **fusiller qn du regard** jdm vernichtende Blicke zuwerfen

– Pas touche, c’est à moi ce truc.

– Leila, cent quatre-vingt-quatre messages. Tu ne trouves pas que c’est énorme ? Tu veux qu’on ait les flics au cul ?

– Personne ne t’oblige à rester avec moi. Si les cent quatre-vingt-quatre messages te dérangent, libre à toi de te barrer.

Elle est trop agressive. On dirait que le portable lui brûle les mains.

– Désolé je ne voulais pas te brusquer. Mais tu ne crois pas que… ?

– Non.

Silence. Tu prétends que je refuse de voir la réalité en face, mais tu pourrais bien gagner la palme d’or. J’envoie un message à ma mère toutes les semaines, moi madame. Elle sait que je suis vivant. Il n’y a pas cent quatre-vingt-quatre messages qui s’entassent sur mon téléphone.

Putain de fête ratée. On ne se parle pas, on range nos affaires (pour aller où ? Mystère, on n’en a pas parlé, si ça se trouve on partira chacun de notre côté demain matin).

La chaleur du squat est plus pesante que jamais. Je n’avais pas remarqué cette odeur très prenante, aussi.

Je m’endors avant d’avoir dit à Leila que je regrettais. Je me suis mêlé de ce qui ne me regardait pas.

Avec un peu de malchance, demain je trouverai une saleté de petit mot. Leila m’informera de son départ, et ciao bonne vie à toi, on s’est bien amusés ensemble.

3 **un flic** *fam* un policier – 16 **raté** ≠ réussi – 19 **pesant** bedrückend – 20 **prenant** *ici :* fort – 21 **regretter** bedauern, bereuen

Non. En pleine nuit elle me réveille, se colle contre moi, en larmes.

– Tu veux bien regarder les messages ? me chuchote-t-elle.

– Euh là maintenant ? Deux secondes, il faut que je me réveille un peu. Tu as la lampe de poche ?

Dans ce squat, il n'y a pas l'électricité ; d'habitude, on survit en nous servant du lampadaire de la rue. Mais à cette heure-ci, il est éteint. Je tâtonne, frotte mes yeux et tente de remettre du sens à une vie qui n'en a pas.

La seule solution, c'est de s'habiller et de courir chez Bredz, une boulangerie ouverte 24 heures sur 24, pour recharger le téléphone. Ils ont des prises accessibles, on a déjà testé.

Franchement, c'est abusé de me demander ça à cette heure-ci. Mais comme Leila insiste, je me lève et enfile des vêtements.

Nous voilà dans la faune nocturne parmi les joyeux fêtards. On poireaute vingt minutes en dévorant un panini, et on se précipite au squat de nouveau, le téléphone ragaillardi et le ventre pesant.

Leila me colle son portable dans les mains. Il bipe, s'allume et signale qu'il possède cent quatre-vingt-cinq messages dans ses entrailles. Un de plus qu'hier.

– Tu as peur de quoi ? je lui demande en essayant de comprendre les subtilités de monsieur Samsung.

– De rien, enfin si, de tout. Écoute, si ça t'embête, tu n'es pas obligé de le faire. Tant pis.

– Non t'inquiète. Il faut que je trie les infos ou je te les donne dans l'ordre que Samsung décidera ?

– Trie, me répond-elle.

Elle claque nerveusement la fermeture de son sac pourtant impeccablement bouclé.

12 **une prise** *ici :* Steckdose – 15 **nocturne** → la nuit – 16 **poireauter** *fam* attendre – 17 **ragaillardi** *ici :* avec une batterie pleine – 18 **pesant** *ici :* bien *rempli* (voll) – 21 **les entrailles** *fpl* Inneres – 23 **une subtilité** *ici :* Feinheit – 26 **trier** sortieren – 29 **une fermeture** *ici :* Verschluss – 30 **impeccablement** parfaitement – 30 **bouclé** fermé

Bon. Qu'est-ce que je suis censé découvrir ?

Selim : Ils sont calmés. Tout ira bien. Inch Allah.

Malika : T où ? Je veux venir avec toi. Dans le secteur ça débloque.

Kamelia : Je ne tiendrai pas longtemps. Je sais même pas s'ils veulent encore que tu reviennes.

Malika : Je commence à m'inquiéter.

T où ?

Malika : Merde maintenant. Réponds, un peu !

Malika : Tu veux quoi, qu'on crève d'angoisse ?

Malika : Ils vont finir par oublier que tu existes. Allez, reviens !

Selim : Donne de tes nouvelles, sinon j'ai peur qu'il se passe un truc affreux.

1 **être censé faire qc** devoir faire qc – 4 **ça débloque** *fam* les gens deviennent fous – 17 **affreux** horrible

– Dis-moi juste qui a envoyé des messages, me dit-elle d'un ton presque doucereux, beaucoup trop aimable pour être honnête.

– Selim, Malika, Kamelia.

– C'est tout ? Alors ferme ce téléphone, je me fous de ce qu'ils disent.

– Ce sont tes frères et sœurs ?

– Oui… Non… Laisse tomber, je te dis.

Juste le temps de lire encore quelques messages avant qu'elle m'arrache le combiné des mains.

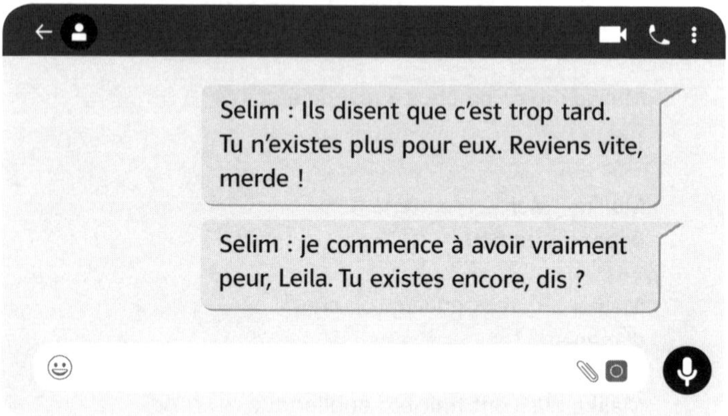

– Ils s'inquiètent pour toi.

Ma phrase s'envole dans la fureur à peine rentrée de Leila. La nuit est foutue.

2 **doucereux** schneinheilig – 2 **aimable** freundlich – 10 **un combiné** un téléphone – 16 **s'inquiéter** sich Sorgen machen – 18 **foutu** *fam* im Eimer

Occupée à découper un saucisson en tranches, Leila me jette un coup d'œil et me pose la question qui tue :

– Dis-moi quel est ton rêve.

Je n'en sais rien. Revenir en arrière, anéantir cette journée en montagne. Avoir le droit de rigoler cinq minutes avec Antoine, aujourd'hui, demain et tous les jours de notre longue vie commune.

– Non, se reprend-elle en tirant sur la peau récalcitrante de la charcuterie. Cherche parmi les trucs envisageables. Ça ne sert à rien de vouloir changer ce qui n'est pas modifiable.

– Donc ce n'est pas un rêve, juste un projet. En gros tu me demandes à quoi j'aurais envie d'occuper ma vie.

– Ouais. À part manger du sauciflard à l'âne, garanti sans porc, super incroyablement bon.

Je n'en sais toujours rien. J'imagine qu'il faudra rentrer à la maison, fermer les yeux et regarder le massif en face. Finir par accepter la mort d'Antoine, et grimper avec la conscience des risques qu'on prend tous.

Ou alors changer complètement. Refuser de revoir l'aiguille du Midi et son copain le Tacul, rayer de la liste le dôme du Goûter, la neige et l'escalade. Débarquer dans un pays étranger et changer d'univers.

– Faire l'autruche, quoi, résume Leila.

– Je déteste ton esprit de synthèse. Parce que je pourrais très bien devenir éleveur d'autruches, soigner ces bonnes bêtes pour leur viande et leurs œufs.

– Et crever de douleur parce que tu n'es pas allé au bout de toi-même.

– Bon ça va, tu me lâches, un peu ?

Elle engouffre deux grosses tranches et enchaîne :

1 **un saucisson** *eine Art luftgetrocknete Salami* – 8 **récalcitrant** *ici :* qui ne s'enlève pas facilement – 9 **envisageable** possible – 13 **un sauciflard** *fam* un saucisson – 13 **un âne** Esel – 23 **faire l'autruche** den Kopf in den Sand stecken (**une autruche** Strauß) – 25 **un éleveur** Züchter

– Tu connais Rimbaud, tu sais le poète, celui qui a écrit *Le Bateau ivre* ou *On n'est pas sérieux quand on a dix-sept ans.* Quand il était jeune, le seul but de sa vie était d'écrire. Des poèmes, des vers. Il voulait se faire « voyant ». Et puis…

– Et puis il a arrêté.

– Oui. Parce qu'il n'a pas su faire face aux blessures de la vie. Il a cru qu'il pourrait évacuer la douleur en fermant les yeux et en regardant ailleurs. Il a cru qu'il suffisait de voyager pour oublier. Il s'est trompé.

– On n'est pas sérieux quand on a dix-sept ans.

– On n'est surtout pas sérieux quand on fout sa vie en l'air. Tu ne veux pas travailler quarante ans avec Jean-Pierre-directeur-adjoint, à vendre des chaussants confortables pour un prix abordable ? Tu ne veux pas dormir quarante ans dans un squat étouffant en été, et sûrement glacial en hiver ?

– J'y réfléchirai quand tu seras au lycée du Parc.

– Justement, je m'y emploie. Première étape : gagner assez d'argent pour payer ma pension. Ça, c'est fait. Ensuite, lire les bouquins. Ça, c'est en cours.

Plus d'argument en stock.

Je me tais, j'avale les trois dernières tranches de saucisson, d'un coup. Et je m'allonge sur le ciment brut ; du ton le plus sérieux que j'arrive à prendre, je dis finalement :

– J'ai réfléchi. Toutes mes savantes déductions ont convergé vers un même point.

– Ah oui ? fait-elle en soufflant sur le coffre pour faire partir la poussière de saucisson. On a le droit de savoir vers quoi tu con-verges ?

– Eh oh ! Je n'y peux rien si la langue française est pleine de gros mots. Je suis dingue de toi, c'est la conclusion à laquelle je suis arrivé.

6 **une blessure** Verletzung – 11 **foutre qc en l'air** *m fam* etw hinschmeißen – 14 **abordable** *ici :* erschwinglich – 17 **s'employer à faire qc** essayer de faire qc – 19 **en cours** am Laufen – 24 **converger vers un point** auf einen Punkt hinweisen – 28 **con-verges** *ici : jeu de mots érotique* **le con** le sexe de la femme **la verge** le sexe de l'homme

Sa main, qui finissait de nettoyer la surface poissée par le saucisson, reste en suspens. Elle attrape la peau et la jette dans le sac plastique qui nous sert de poubelle.

– Je te l'avais dit, que ça finirait mal, nous deux. Arrête d'employer des gros mots, s'il te plaît. Mes oreilles sont sensibles.

Et elle se penche vers moi.

Apparemment, les oreilles ne sont pas le seul organe sensible de son anatomie.

1 **poissé** sale (schmutzig) – 2 **rester en suspens** *m* ne plus bouger

Je ne savais pas qu'une bouche pouvait être si chaude, si douce et si accueillante.

– Ne t'inquiète pas, on n'ira pas au bout, je dis à Leila en lui caressant le menton. Je te respecte, toi et tes traditions.

– Si tu savais ce que j'en ai à faire, des traditions, grogne-t-elle.

– Tu pourrais le regretter.

Elle gémit que non, on s'en fout, mais je tiendrai parole. J'ai déjà tué une personne, ce n'est pas pour anéantir la vie d'une deuxième, même par ricochet.

Les serments pleurent, mais ils subsistent. C'est comme la force de gravité, toute votre vie bascule. Vous serez prêt à tout pour lui obéir. Vous raccrocher à lui.

Parce que l'espoir est là, il a besoin de directives.

Et d'amour.

Parce que tu sais la bataille maculée des nuages violets.

Parce que tu sais l'ambiguïté des matins achevés.

Parce que tu es capable de surmonter la peur. Du moins je crois.

9 **par ricochet** indirectement – 10 **un serment** une promesse – 10 **subsister** rester à, ne pas disparaître – 11 **la force de gravité** *f* Gravitationskraft – 11 **basculer** *ici :* eine Wende nehmen – 15 **maculé** beschmutzt – 16 **l'ambiguïté** *f* Mehrdeutigkeit – 16 **achevé** fini – 17 **surmonter** überwinden

Quand on arrive au portillon en métal devant notre squat, surprise ! Un homme nous attend devant, cravate et chemisette à manches courtes. Appuyé contre un mur, il semble fatigué de patienter.

– Ah vous voilà, dit-il tandis que nous reculons d'un pas en dévisageant l'inconnu. Je voulais vous voir.

– Mais vous… Vous saviez que nous étions ici ?

Un petit sourire illumine son visage, genre « Je vous ai fait une bonne blague, hein ! »

– Bien sûr. Je vous ai laissés parce que…

Il se dandine sur place sans terminer sa phrase.

– Vous voulez qu'on parte, c'est ça ? demande Leila, limite agressive. Nos affaires sont encore à l'intérieur ou vous les avez embarquées ?

C'est la première fois qu'elle est sur la défensive, du moins la première fois à ce point-là. Je comprends tout à coup comment elle se comporte avec sa famille. La révolte à fleur de peau, la crispation et la nervosité de celle qui est obligée de se laisser mener vers un endroit qu'elle vomit.

Mais le sourire du monsieur se renforce encore. Il pousse le portillon en métal, comme s'il ouvrait la porte du domaine.

– Je n'ai rien pris, ne vous inquiétez pas. Vos cartons et vos sacs sont à leur place. C'est juste que mon chef revient lundi matin. On a déjà eu des squatteurs par le passé, et il ne leur a pas laissé deux secondes de répit. La police est intervenue immédiatement.

Il semble s'excuser, et continue, tout en se balançant sur ses mocassins cuir pleine fleur :

– Vous pourriez partir avant qu'il arrive, d'ici lundi matin ? Cela m'éviterait une situation pénible.

– Pourquoi vous ne nous avez pas dénoncés plus tôt ? aboie Leila. Si votre chef ne nous tolère pas, vous êtes en faute !

1 **un portillon** Türchen – 17 **à fleur** *f* **de peau** *f* überempflindlich, äußerst reizbar – 18 **la crispation** la tension nerveuse, l'énervement – 19 **vomir** erbrechen, *ici :* hassen – 25 **un répit** une pause – 28 **le cuir** Leder – 31 **aboyer** *ici :* crier

– Je… Disons que… J'ai pensé qu'il valait mieux… Pour tout vous avouer, j'ai lu le contenu du cahier, dans le carton près du robinet. Et je…

Il ne termine pas sa phrase, et s'enfuit dans un raclement de semelles élastomère.

…

Quelques secondes de sidération.

…

Il a lu mon journal. L'enfoiré, il a lu mon journal. C'est pour ça qu'il m'a regardé comme un coupable. Il savait. Il sait et il saura.

– Tu sais quoi, murmure Leila qui possède une jolie intuition quand il s'agit de sentir ce qu'on pense. On a une chance incroyable. Il a eu pitié de toi.

Je hausse les épaules. À mon avis, c'est tout le contraire. Il a eu peur. Ah, et puis je n'en sais rien, au final.

Non mais de quel droit… ?

Le droit de celui qui est propriétaire des lieux, le droit de celui qui joue avec la vie des autres.

Si ça se trouve, il va me dénoncer.

Il fait trop chaud, ici.

Après tout, c'est plutôt bien qu'on soit obligés de s'en aller.

Alors pourquoi je tremble autant ? Pourquoi je me sens blessé et si meurtri ?

Pourquoi j'ai envie de tout foutre en l'air, là, maintenant ? Partir et balancer ce faux-semblant de vie à la poubelle.

Vomir sur la tombe des morts, pour crever à mon tour.

4 **un raclement** Knirschen – 5 **une semelle** Sohle – 5 **l'élastomère** *m* une matière élastique qui ressemble au caoutchouc – 7 **la sidération** Fassungslosigkeit – 9 **un enfoiré** *vulg* Arschloch – 24 **meurtri** tief verletzt – 26 **un faux-semblant** bloßer Schein

– Et moi, j'aurai le droit de lire ?

– De quoi tu parles ? Lire mon journal ? Certainement pas. Je vais le brûler, ce cahier. Plus personne n'en parlera. Je ne veux pas d'un boulet qui me rappelle ce que j'ai pensé à un moment donné. Pour ce qu'il vaut, de toute façon.

– Ne fais pas ça. Je te le garderai au chaud, si tu veux. Le temps que tu te reprennes. Et après, je te le rendrai. Promis, je ne lirai rien entre temps. Pas sans ton autorisation.

Bon, OK. Je te fais confiance. Et si tu lis ces lignes Leila, sache que tu seras damnée jusqu'à la centième génération. Tu avais promis…

3 **brûler** verbrennen – 4 **un boulet** *ici :* Last – 10 **damné** verdammt

Le soleil est brûlant et le squat moite de sueur. Je n'en peux plus de cette ville grise et épuisante. La nature me manque.

Si ça se trouve, je vais pleurer. Il me semblait que, pendant un temps, je retrouvais goût à la vie, mais je me trompais sans doute.

Erreur d'aiguillage.

Aucune notion du temps qui passe, on est quand ? Tout ce que je vois, c'est que les arbres commencent à roussir, ici et là. Les feuilles joyeuses crèvent dans l'air surchauffé, et tout le monde trouve ça normal – les traîtresses.

– De toute manière on comptait partir, non ? Alors qu'est-ce que ça change ?

Leila ne me regarde pas. Je ferme les yeux en m'adossant au mur, soutien précieux. Et je m'étonne moi-même de proposer :

– OK pour Chamonix. On se barre demain matin. Ce soir c'est trop tard. On arriverait en pleine nuit là-bas, ce serait compliqué. Tu préfères le train ou la marche à pied ?

– Qu'importe le flacon, pourvu qu'on ait l'ivresse. Combien coûte le billet ?

– Zéro euro si on fraude, cher si on paie.

Leila n'aime pas tricher, alors on n'a pas le choix. Ni train ni marche à pied : on se positionne sur une route passante à la sortie de Lyon et on tend le pouce. Nos sacs à dos sont remplis. C'est fou comme on accumule d'affaires, même quand on vit dans des conditions spartiates, même quand on squatte.

On a pourtant jeté des dizaines de cartons à la benne. Adieu les assiettes et les couverts, les casseroles et les couvertures.

Et on est partis sans un regard pour ce lieu qui nous a pourtant bien accueillis toutes ces semaines. Adieu Lyon, je ne t'aime pas. Ou plutôt si, c'est la ville que je ne supporte plus. Les gens

6 **une erreur d'aiguillage** *m* Fehler bei der Weichenstellung (*ici : fig*) – 8 **roussir** devenir *roux* (rot) – 10 **un traître, une traîtresse** Verräter/in – 13 **s'adosser à qc** sich mit dem Rücken an etw lehnen – 14 **un soutien** Unterstützung – 18 **pourvu que** + *subj ici :* sofern – 20 **frauder** ne pas respecter la loi / les règles – 21 **tricher** betrügen, mogeln – 22 **passant** *ici :* où beaucoup de voitures passent – 23 **le pouce** Daumen – 24 **accumuler** anhäufen – 26 **une benne** *ici :* Müllcontainer

pressés, même sous le soleil, le gris du béton, la fadeur des odeurs et l'horizon limité par les réverbères. Et cette angoisse qui surgit n'importe où.

– La prochaine fois que tu reviens, ce sera presque l'automne. Au lycée du Parc, le premier septembre. Tu vas kiffer grave, ma belle.

Leila ne répond pas. Ses yeux sont ceux des mauvais jours, son front est buté, ses sourcils froncés. Eh oh détends-toi, c'est moi qui cours à l'abattoir, moi qui me précipite vers ma famille et mes démons. Toi, non.

Je ne sais toujours pas qui sont Selim, Malika et Kamelia.

Je peux toujours rêver pour que tu m'ouvres la porte de chez toi.

1 **pressé** qui doit faire vite – 1 **la fadeur** → fade – 2 **un réverbère** Straßenlaterne – 5 **kiffer grave** *fam* vraiment adorer – 8 **buté** trotzig – 9 **un abattoir** Schlachthof

À moins que tu ne m'aies déjà accueilli. Et moi, comme un ballot, je n'ai rien remarqué.

Ce qui compte, c'est ce qu'on est.

2 **un ballot** *fam* un imbécile, un idiot

Un chauffeur routier arrête son gros camion dans un crissement de pneus et un couinement aigu.

– Vous pouvez nous prendre ? hurle Leila pour combler le ronflement du moteur. On va à Chamonix, tunnel du Mont-Blanc.

Il acquiesce dans un flageolement de double menton, et on grimpe dans la cabine. À l'intérieur, c'est Noël. Des guirlandes, des babioles qui pendent du plafond, un Jésus qui se balance sur sa croix en clignotant de bonheur.

– Salut les jeunes, je m'appelle Nick.

On se présente et on se coule dans les sièges molletonnés. Nick a manifestement envie de parler, et au bout d'une heure on est incollable sur sa vie, son fils et sa femme, les vacances qu'ils prendront la semaine prochaine à Gruissan dans l'Aude.

– Un petit camping proche de la mer, on adore le camping avec ma femme. Et il fait toujours beau, là-bas. Vous connaissez ?

Non. Pour moi, jusqu'à présent l'été rimait avec cimes enneigées, sommets à grimper, défis à relever. La mer, j'ai toujours eu l'impression qu'elle était là pour les paresseux, ceux qui rêvent de s'endormir la tête dans les grains de sable, avec pour seul horizon deux trois clapotis dans l'eau salée.

Sauf cette année, oui. Et pendant quelques jours, j'ai caressé l'envie de courir sur les plages désertes, alors que le soleil est encore trop bas pour que les foules soient au rendez-vous.

Et puis on a travaillé chez Bato. J'ai suffoqué dans l'air sec et empesé de Lyon, j'ai pris une claque en m'agenouillant chaque jour devant des gens qui voulaient essayer des sandales et des mocassins. Je me suis ennuyé, j'ai compris deux trois trucs.

On s'est fait chasser du squat, le mec a lu mon journal, et me voilà de retour vers mes montagnes.

1 **un chauffeur routier** Fernfahrer – 2 **un crissement** Quietschen – 2 **un pneu** Reifen – 2 **un couinement** Quicken – 2 **aigu** *ici :* hoch – 3 **combler qc** *ici :* parler plus fort que qc – 4 **un ronflement** *ici :* Brummen – 5 **acquiescer** faire oui de la tête – 5 **un flageolement** Wanken – 5 **un double menton** Doppelkinn – 7 **une babiole** un petit objet sans valeur – 10 **molletonné** mit Molton gefüttert – 12 **être incollable sur qc** tout savoir sur qc – 20 **un clapotis** Plätschern – 21 **caresser** *ici :* hegen – 24 **suffoquer** ersticken – 25 **empesé** unnatürlich – 25 **prendre une claque** *fam* tomber de haut (tief fallen)

Putain, mais qu'est-ce que je vais dire à mes parents ? Et comment je vais m'y prendre pour regarder le mont Blanc en face ?

Il nous dépose juste avant la bifurcation vers le tunnel, à Chamonix Sud. Lui, il a encore trois ou quatre kilomètres de lacets, presque à touche-touche avec les autres véhicules, avant de s'engouffrer sous la montagne.

Nous, on n'a plus que cinq cents mètres avant le chalet que j'habite depuis ma naissance.

Leila le remercie, moi je suis incapable de parler, l'altitude m'a coupé le souffle. Et on saute sur le goudron.

– Bonnes vacances à vous la semaine prochaine !

– Ouais, merci. En attendant, je vais me gaver de pizza côté italien.

C'est ça, régale-toi bien. Tu penseras à nous. Le dos rond et la peur qui s'agrandit, béante.

Les nuages ont envahi les montagnes.

– Il y a des montagnes, derrière les nuages ? demande Leila, sceptique.

Oui, mais on ne voit rien. Tant pis, tant mieux. Les montagnes me font peur.

Je n'assume plus rien, même pas mes pas dans la direction que je connais par cœur.

– On va où ? me demande Leila.

D'un geste, je lui montre le souterrain, là-bas. On longe la Route Blanche sans un mot. Les voitures sifflent à nos oreilles, font voler les cheveux de Leila. Je me traîne, je me précipite. Envie et appréhension mélangées.

4 **une bifurcation** Abzweigung – 6 **un lacet** *ici :* Serpentine – 11 **le goudron** l'asphalte *m* – 13 **se gaver de qc** *fam* manger beaucoup de qc – 16 **béant** klaffend – 22 **assumer qc** zu etw stehen – 22 **un pas** Schritt – 25 **un souterrain** *ici :* Unterführung – 27 **se traîner** marcher lentement – 27 **se précipiter** marcher vite – 28 **l'appréhension** *f* la peur

Le souterrain qui permet de passer sous la route nationale pue la pisse. Presque un squat, si on l'aménageait correctement.

Je montre l'école primaire que j'ai fréquentée gamin, l'hôpital, le petit centre commercial. Et le chemin du Creux. Celui où j'ai toujours habité.

Elle a pleuré. M'a embrassé. Des effusions comme elle n'en a jamais eu l'habitude. Je me suis retrouvé petit garçon dans les bras immenses d'une mère qui multipliait les épanchements.

– Je suis si contente de te revoir. Tu comprends, j'ai eu peur que tu ne reviennes pas. Merci, merci mon chéri. Je te comprends, tu avais besoin de changer d'air. À ta place j'aurais sans doute eu la même attitude... Tu me présentes ton amie, elle est de la vallée ?

Et voilà, on se retrouve mais au bout d'une minute, elle m'énerve déjà. C'est le genre de remarques qui m'a toujours hérissé. Est-ce que Leila est différente parce qu'elle est née ailleurs ? Les gens d'ici sont tellement chauvins ; ma mère ne fait pas exception.

– Leila a brillamment obtenu son bac. Elle va aller au lycée du Parc à Lyon pour une classe préparatoire aux grandes écoles, en septembre.

C'est bête, mais je réponds à un préjugé par un autre préjugé – comme si on évaluait la valeur d'une personne à l'aune de sa note au bac. Et de ses futures études.

Maman hoche la tête et nous propose à boire – ou à manger. Tandis que nous nous attablons devant un gros sandwich au (vrai) reblochon du pays, un rayon de soleil éclaire la cuisine. Le mont Blanc apparaît.

Unique, merveilleux, attirant.

Froid, brutal, culpabilisant.

Ce massif, c'est ma vie. Comme une drogue de laquelle on n'arriverait pas à se détacher, ou un poison qui nous attirerait irrémédiablement. Il est tatoué dans ma peau, dans mon cœur.

La lumière du soleil qui brille à la surface des aiguilles.

Les nuages qui tournoient et glissent, imperturbables.

La nature qui gagne et domine tout.

1 **une effusion** Gefühlsausbruch – 3 **les épanchements** *mpl* Ergüsse – 11 **hérisser qn** énerver qn – 18 **à l'aune** ***f*** **de qc** anhand von etw – 22 **le reblochon** un fromage local – 30 **imperturbable** que rien ne peut perturber / émouvoir

Ce massif est tatoué dans mon cœur, mais aussi dans mes peurs.

Et les nuages reprennent le dessus. L'éclaircie n'aura pas été longue.

3 **reprendre le dessus** *ici :* cacher le soleil – 3 **une éclaircie** kurze Aufheiterung

– Alors voilà ta chambre ? me dit Leila, avec une voix un peu tremblante.

Eh oui. C'est franchement bizarre de retrouver les objets à leur place. On dirait que rien n'a évolué, alors que j'ai vécu tellement de choses. Le fantôme d'Antoine est partout. Le lit sur lequel il s'est assis tant de fois, le bureau sur lequel on a travaillé ensemble. Il surgit même dans le matériel d'escalade entassé dans un coin de ma chambre. On l'utilisait tous les deux.

Putain de mousquetons verts, jaunes, rose.

Putain de chaussons d'escalade.

Putain de photo derrière la porte, concours de la grimace la plus laide (il gagne haut la main).

Putain de carte avec le massif et ses sommets.

Je ne vais pas tenir le coup. Leila, il faut que tu m'aides.

Silencieuse, elle est assise sur le lit à l'endroit exact qu'Antoine affectionnait. Dos au mur, pieds dans le vide.

Il ne manque que la tache bleue et rouge au fond du ravin.

Ma gorge est sèche. Je ne suis pas venu pour me mettre en mode Dépression. C'est Leila qui m'a conduit ici. Elle doit me guider. Merde, tu ne le comprends pas, que j'ai besoin de soutien ?

D'un geste vif, je ferme les rideaux, qui se balancent contre la fenêtre sans comprendre pourquoi on les brutalise aussi vivement.

Il faut que je dorme. C'est le seul moyen pour m'y retrouver.

– Tu veux dire, pour t'empêcher de voir la réalité en face, observe Leila, impassible. Bon, tu ne m'as pas dit où elle était, cette aiguille d'Argentière ?

La cruauté jusqu'au bout des yeux. Rageur, je pose un doigt sur la carte.

7 **surgir** apparaître – 12 **laid** ≠ beau – 12 **°haut la main** ohne Mühe – 16 **affectionner qc** bien aimer qc – 22 **un rideau** Vorhang – 27 **impassible** qui ne montre aucune émotion / réaction – 29 **la cruauté** Grausamkeit

– 3901 mètres, remarque Leila. Quand même ! Tu crois que je serais capable d'y aller ?

– Si tu veux, mais sans moi. Je suis déjà venu ici alors que je n'en avais aucune envie, faut pas pousser.

– Pas très sympa pour ta mère.

– Et toi, tu es sympa avec la tienne ? Tu refuses de lui envoyer le moindre message, tu t'obstines à croire qu'ils ne veulent plus entendre parler de toi. Tu te mures dans le silence et tu clames que la religion musulmane est responsable de tout ça.

Elle reste la bouche ouverte. Manifestement, elle ne s'attendait pas à une telle repartie.

– En vrai, l'islam n'a rien à voir là-dedans, et tu le sais parfaitement. Ton cher Rimbaud ne te l'a pas dit ? C'est juste que tu refuses la vie qu'ils ont tracée pour toi.

Elle ne répond pas. S'allonge sur le lit et ferme les yeux.

Je suis injuste et je le sais. Mais pas moyen de m'en empêcher. Il faut que ma hargne atteigne quelqu'un.

Antoine est mort à cause de moi, quelqu'un s'en rend compte dans le secteur ?

Toujours silencieuse, Leila m'attrape la main, la serre encore et encore.

Je pleure. Pour la première fois depuis l'accident, je crois. Non, peut-être pas, je ne sais plus et ça n'a pas d'importance.

Je pleure et mes larmes ne vont jamais se tarir.

Je pleure et la violence de l'Arve m'emporte en un torrent rageur.

Mon père débarque dans la chambre dès qu'il rentre de son travail. Comme à son habitude, il reste sobre.

– Je suis content de te revoir, me dit-il simplement. Et heureux de connaître Leila. Tu te sens comment ?

4 **pousser** *ici : fam* exagérer – 7 **s'obstiner à faire qc** darauf beharren, etw zu tun – 8 **clamer** *ici :* behaupten – 11 **une repartie** une réponse rapide et juste – 17 **la °hargne** la colère – 24 **se tarir** versiegen – 25 **un torrent** Gebirgsbach – 28 **sobre** neutre

Que répondre ? Je hausse les épaules. Alors papa s'assied sur un bord du lit. Ses yeux sont brillants.

– Je ne t'ai jamais raconté… A vrai dire, je ne l'ai confié à personne d'ailleurs, bêtement… J'avais à peine plus de ton âge quand j'ai fait le mont Blanc avec mon meilleur ami de l'époque. Devant nous, il y avait une cordée de jeunes, sans guide, qui accumulait les erreurs. Nous, on en rigolait. Une fois, on leur a crié de faire attention. Ils se sont retournés furieux. En rentrant, l'un d'eux est tombé dans une crevasse. Il est mort.

Pourquoi il me dit ça maintenant ? Ou plutôt si, je sais. Mais c'est trop tard, trop tard, trop tard. Il fallait me dire ça plus tôt.

– Après ça, je me sentais très mal. Mon meilleur ami aussi. D'ailleurs cette histoire nous a séparés. On était trop gênés pour rester potes.

Rien de comparable, arrête de vouloir transférer.

– Tu sais, on s'habitue à vivre avec nos défauts, avec la peine qu'on a faite aux autres, avec la culpabilité. Parce qu'on n'a pas le choix. En nous, il y a du dégoût, de la peur, de la déception. On a tous des trucs pas nets qui rôdent autour de nous, des angoisses prêtes à nous assaillir dès qu'elles nous sentent faibles.

Je me tais. Il arrive trop en décalé pour me soulager. Au bout de plusieurs minutes de silence, il finit par partir ; sa révélation se promène dans l'air.

J'aère un bon coup.

Quand il est reparti, Leila a constaté que mon père boite. Elle n'ose pas poser de questions, mais je vois bien qu'elle se demande s'il s'est blessé en montagne. De nouveau, je hausse les épaules. Papa n'est pas mort, lui. Un genou, ce n'est pas grand-chose.

Les retrouvailles sont vite expédiées, finalement.

14 **un pote** *fam* un copain – 16 **un défaut** Fehler – 16 **la peine** Leid – 18 **la déception** Enttäuschung – 19 **net** clair – 19 **rôder** umgehen – 20 **assaillir** attaquer – 20 **faible** ≠ fort – 21 **en décalé** (zeit)versetzt – 21 **soulager qn** jdn entlasten, jdn erleichtern – 22 **une révélation** Enthüllung – 24 **aérer** → l'air – 30 **expédier qc** *ici :* faire qc rapidement

Je savais que je ressentirais une grosse émotion en rentrant. J'imaginais que j'avais assez changé pour m'y confronter. Mais la vague déferle, violence inouïe.

Je me retrouve petit garçon pétri de contradictions.

Le fantôme d'Antoine est là, tout près, je le reconnais à ces battements de cœur, à ces objets qui me rappellent mon ami, à ce poster du massif devant lequel nous avons passé des heures, à ces projets avortés, à cette douleur qui m'envahit et me bouleverse.

Partout.

Il faut que je reprenne mon souffle.

Leila, papa, maman, aidez-moi si vous savez comment ; si je le sais moi-même.

3 **déferler** sich brechen – 3 **inouï** incroyable – 4 **pétri de** voller – 4 **une contradiction** Widerspruch – 8 **avorté** *ici :* annulé, qui ne s'est pas fait

On a dormi à deux sur mon lit étroit, et je me réveille plein de courbatures. Étrange : on a passé six semaines sur des cartons et matelas mousse. Jamais la moindre douleur au réveil. Et le premier soir où un « couchant » confortable nous accueille, mon corps se manifeste.

Le soleil inonde la chambre. Ce matin le massif est là, victorieux et imposant.

– C'est génial ! s'exclame Leila.

Quand elle ne se coiffe pas, ses cheveux envahissent son visage dans d'ébouriffants reflets bruns et roux. Elle est belle ; je ne crois pas qu'elle sache combien elle est belle. Il faudra que je sois capable de le lui dire, un jour.

Ça et plein d'autres trucs.

Son œil essaie de reconstituer les sommets, de trouver le mont Blanc, c'est bien celui-là ?

– Oui, souvent les gens le confondent avec le dôme du Goûter. D'ici on a presque l'impression qu'il est plus haut, parce qu'il est beaucoup plus près.

– C'est génial, répète-t-elle en me prenant la main.

J'ai dormi comme un abruti, d'un sommeil sans saveurs et sans rêves. Celui qui cuve un malheur, celui qui s'épuise à se battre contre lui-même.

J'ai dormi comme un abruti, mais j'ai maintenant envie de rire. Mes montagnes, au final, elles font partie de moi ; je suis content de les retrouver. Je les aime. Et c'est bien possible que je t'aime aussi, Leila.

Elle veut se balader dans le centre de Chamonix. Bon. Tant que je n'enfile pas mes chaussons d'escalade ou mes chaussures de montagne, je tiens le coup. Mais je déteste me trouver au milieu des foules qui déambulent et lèchent les vitrines.

1 **étroit** schmal – 2 **des courbatures** *fpl* Muskelkater – 3 **la mousse** *ici :* Schaumstoff – 6 **inonder** *ici :* durchfluten – 10 **ébouriffant** incroyable – 10 **un reflet** *ici :* Glanz – 20 **un abruti** qn qui est tellement fatigué qu'il ne peut plus rien faire – 20 **une saveur** un goût – 21 **cuver** *ici :* ausschlafen – 30 **lécher les vitrines** *fpl* faire les magasins, faire du shopping

C'était sans doute l'objectif secret de Leila, provoquer une rencontre avec les parents d'Antoine. Heureusement, ce n'est pas le cas. Du moins pas pour l'instant.

Et si je devenais agent immobilier ? Aucun intérêt, ou si peu. Mais au moins j'aurais du travail. Location à la semaine, états des lieux… Même si, paraît-il, la charge est moins importante depuis le boom des sites de location en ligne, ils ont encore de quoi s'abrutir toute la journée, été comme hiver.

Envisager de travailler dans un magasin de sport, non. J'aurais trop mal au cœur en regardant les gens s'équiper, se préparer, et revenir, le visage buriné et les yeux riants de leur expérience.

Là-haut, un hélicoptère bourdonne dans le ciel. Il se dirige vers le glacier des Bossons. Je crois que je vais détester ce genre d'engins. À vie.

– Hey ! Te voilà ! s'exclame un ami aspi, qui m'attrape par la taille et me claque une bise retentissante.

Arthur, aspirant-guide. Il a cinq ans de plus que moi. Un mec brillant, super musclé, super savant. Il connaît le massif par cœur, a déjà obtenu son diplôme d'aspirant-guide à vingt-trois ans (un exploit pour lequel j'étais incapable de rivaliser, même avant l'été). Il a toutes les filles à ses pieds, et en plus il est super sympa. Et pourtant, il n'est pas d'ici. Dans la vallée, on a une réticence épidermique pour ceux qui veulent s'installer et devenir guides ; comme s'ils piquaient notre place, comme s'ils nous volaient la vedette. Arthur, avec son franc-parler et sa bonhomie, a réussi à combattre ces foutus préjugés chauvins.

– Justement, me dit-il, j'ai besoin de toi, ces prochains jours. Tu peux me donner un coup de main ?

Il le fait exprès ou il n'est pas au courant ? Sans prêter attention à ma réaction, il continue :

6 **la charge** *ici :* Arbeitsanfall – 8 **s'abrutir** *ici :* sich mit Arbeit betäuben – 11 **buriné** zerfurcht – 16 **retentissant** qui fait du bruit – 20 **un exploit** *ici :* Leistung – 23 **une réticence** Vorbehalt – 23 **épidermique** *ici :* heftig – 25 **voler la vedette à qn** jdm die Schau stehlen – 25 **le franc-parler** le fait de parler franchement, ouvertement – 26 **la bonhomie** Gutmütigkeit – 29 **faire qc exprès** etw absichtlich machen

– Un groupe de copains qui débarquent d'Argentine. Ils n'ont pas beaucoup d'argent mais veulent s'entraîner. Tu imagines bien qu'ils se moquent de savoir si tu es diplômé ou pas.

– Non.

Je sais, ce « non » est trop rugueux. La pomme d'Adam d'Arthur monte puis descend, visiblement perturbée. Il jette un regard oblique à Leila.

– Allez, continue-t-il avec une moue appréciative à l'égard de ses cheveux et de son visage de velours. Tu ne vas pas changer de voie, quand même ! Tu es fait pour être guide, et tu le sais. Un super guide. Ne me dis pas que, après réflexion, tu envisages de... euh... de vendre des chaussures, par exemple.

Leila éclate de rire. Pas moi. Sûrement à cause d'une histoire de semelle et d'enrobage en gomme qui lui reste en travers de la gorge – exactement de la même nature que celle qui entoure les chaussons d'escalade.

– Allez accepte, me supplie Leila.

Arthur coule un regard intéressé vers elle, et avec un petit sourire, il enchaîne :

– J'habite juste à côté. On va boire un verre, vous avez le temps ?

L'éternité, mon ami. C'est du moins ce que j'aurais dit – avant. Depuis la fin du mois de juin, j'ai compris que l'éternité ne valait pas plus d'un quart d'heure, et qu'elle finissait par un grand cri. Et une tache rouge et bleu, là en bas.

Arthur habite un petit studio dans le centre. Un immense et incontournable poster du massif, un matelas étalé par terre, des piles de livres avec des sommets en couverture, des tonnes de topos, une caisse avec son matériel de montagne, une jolie couche de poussière.

– Tu es originaire d'où, déjà ?

5 **rugueux** rau – 6 **perturbé** *ici :* troublé – 7 **oblique** *ici :* de côté – 8 **une moue** *ici :* l'expression du visage – 14 **un enrobage** Überzug – 14 **la gomme** Gummi – 14 **rester en travers de la gorge** im Hals stecken bleiben – 17 **supplier qn** jdn anflehen – 22 **l'éternité** *f* Ewigkeit – 29 **un topo** *ici abrév de* topo-guide (topographischer Führer) – 30 **une couche de poussière** *f* Staubschicht

– Lyon. Mes parents y sont encore et se plaignent que je ne vais pas les voir assez souvent.

– Justement, on en vient. Quel quartier ?

Dans le quatrième arrondissement, nous explique-t-il, avec juste assez de détails pour qu'on se rende compte qu'on ne connaît pas grand-chose à Lyon, finalement. A part « notre » boutique, les quais de Saône, la gare de la Part-Dieu, le squat et les soirées étouffantes.

Leila passe ses doigts sur l'affiche et nomme les sommets.

– Alors toi, dit-elle, tu les as rapidement terminées, tes trente-neuf courses obligatoires avant de postuler à l'examen probatoire ?

– Je constate que tu es bien au courant des règles. Tu veux aussi devenir guide ? demande Arthur en s'approchant d'elle.

Il la frôle de si près que je frémis, la jalousie creusant une rancœur soudaine. Mais Leila se recule, badine, me jette un coup d'œil complice et ajoute simplement :

– Oh non, moi je joue les assistantes. La liste des courses est dans mon dossier. Je coche, j'encourage et je planifie.

Et tu mens, aussi ? Parce qu'il n'a jamais été question que tu tiennes ce rôle. Je ne t'ai même jamais montré le listing, qui est plié dans un coin de mon sac. Les dix courses « rocher montagne », les sept « terrain montagne », et celles des autres domaines, ski de rando, cascade, course de neige, escalade… Alors comment en connais-tu l'existence ? Est-ce que tu aurais fouillé dans mes affaires ?

Dans le ciel, l'hélicoptère bourdonne de nouveau. Une forme pend maintenant au bout d'un filin. Un blessé qu'on dépêche vers l'hôpital. Ou un mort. Je ferme les yeux et me retourne de l'autre côté du massif, vers les aiguilles Rouges, tandis que le froid s'insinue en moi. Retour incontournable vers Antoine, ces mêmes pales qui trouent l'air tiède, qui meublent le silence et

11 **postuler à un travail / un examen** poser sa candidature – 15 **frôler** presque toucher – 15 **frémir** beben – 16 **la rancœur** Groll – 16 **badiner** scherzen – 31 **incontournable** inévitable – 32 **une pale** *ici :* (Rotor-)Blatt – 32 **meubler** *ici :* überbrücken

nous obligent à redescendre dans la vallée moins nombreux qu'à l'aller.

Une heure plus tard, on a largement abusé de la bouteille de vodka. J'avais pourtant dit que je devais limiter. Mais voilà, un copain, l'angoisse du retour... On est faible quand on a dix-huit ans.

Même pas la force de rentrer au chalet. On s'endort à trois sur l'étroit matelas. Leila me donne la main, débraillée, adorable. Si douce et si humaine. Je caresse sa peau pendant qu'elle dort. Mes mains s'enhardissent, oui non, bonne ou mauvaise idée. Putain c'est dur et puis j'ai mal au crâne.

Quand je me réveille, Arthur dort encore, en caleçon jaune poussin. Il a roulé sous la table, les bras étendus. Je réveille Leila, qui évacue le rideau de cheveux devant ses yeux.

– Viens vite, on se barre.

– Mais les Argentins ? réalise-t-elle en se frottant les yeux. Vous n'avez pas convenu d'un rendez-vous pour les prendre en charge.

– On s'en fout, des Argentins. La montagne, c'est fini, je te l'ai déjà dit. Tu vois, ce matin, ça me paraît être une évidence. Je ne vais pas aller là-haut, quand même.

Dans mon cerveau, j'ai l'impression que les pales de l'hélicoptère vrombissent. Et le cri d'Antoine, la douleur dans les yeux de ses parents. Je ne peux pas rester, je ne peux pas.

Leila, zéro compassion, se lève et, d'un air dur :

– T'es trop con.

La porte claque avec un bruit mat, Arthur s'est forcément réveillé.

J'en ai marre. Envie de hurler, de coller une beigne à tous ces gens qui marchent et rigolent dans la rue. Surtout quand la

3 **abuser de qc** trop consommer de qc – 8 **débraillé** *ici :* nachlässig – 10 **s'enhardir** [sɑ̃aʀdiʀ] oser – 12 **un caleçon** Unterhose – 23 **vrombir** brummen – 27 **mat** [mat] *ici :* dumpf – 29 **coller une beigne à qn** *fam* frapper qn

lumière crue du soleil nous tape sur la tête. Là-haut, les montagnes luisent. Trop belles, trop réelles, trop inaccessibles.

– Je croyais que tu devais m'encourager ?

– Arrête avec ce ton agressif. Je n'y peux rien, tu es trop con. Ta vie est là, à portée de bonheur. Et tu craches dessus. Excuse, mais c'est trop con. Je persiste et signe.

Je ne réponds pas, qu'est-ce que je pourrais dire ? Je hausse les épaules. Comment une fille aussi intelligente qu'elle peut-elle croire que les choses sont si simples ?

Back home.

Enfin, ce qu'on appelait « home » autrefois.

1 **cru** *ici :* grell – 2 **luire** briller – 5 **cracher sur qc** *ici : fig* etw verachten – 6 **qn persiste et signe** *expr* jd bleibt dabei und unterschreibt

Je comate sur mon lit, rideaux tirés. Leila est comme un animal prisonnier. Elle m'en veut d'être amorphe, elle ne dit rien. Je lui en veux de m'avoir traîné ici, je ne dis rien.

On est mal barrés.

Arthur rappelle en milieu d'après-midi.

– Je compte sur toi, dit-il. Ils arrivent au train de 19h47, tu nous retrouves à la gare ? Ta copine sera là ?

Un blanc.

– Tu m'entends ? s'inquiète-t-il comme si j'avais disparu dans les limbes, entre-temps.

– Ouais. OK pour 19h47.

Pas trop le choix, mais aussitôt dit, aussitôt regretté.

Les minutes d'après, les heures d'après, passent à des regards hostiles vers le ciel, les montagnes.

Et Leila qui m'a forcé à dire oui.

Enfin, plus ou moins.

Moins ou plus.

1 **comater** dösen – 2 **en vouloir à qn** être furieux envers qn – 2 **amorphe** sans énergie
4 **qn est mal barré** für jdn sieht es schlecht aus – 9 **dans les limbes** *mpl fig* in einem unklaren Zwischenzustand

Leila n'a rien dit. Pas sauté de bonheur, pas souri, rien. Elle a simplement hoché la tête quand je lui ai parlé de l'horaire du train.

– Elle est où, la gare ?

– Tu sais bien, au bout de l'avenue Michel Croz.

Elle m'énerve, franchement c'est quasi insupportable. Je sais bien que, si elle avait montré la moindre trace de joie, elle m'aurait énervé encore plus. Mais cette manière de soupirer en lisant ses foutus bouquins. En me laissant seul dans mon marasme. Et cette façon de ne pas me regarder – ou de trop me regarder. D'attendre en silence.

Tout m'énerve. Le soleil trop chaud, l'heure qui tourne, les montagnes qui me narguent, Leila qui tourne les pages de son livre, mes parents qui parlent trop doucement derrière la cloison. Et moi qui ne sais pas où j'en suis.

Peut-être que je ne suis pas fait pour vivre.

Ou peut-être que si.

Je me souviens, une fois, on ne se connaissait pas depuis longtemps, j'ai retrouvé Leila recroquevillée sur elle-même, dans un coin du squat. On aurait dit qu'elle charriait de la douleur, qu'elle la crachait par tous les pores, à pleins flots. Je ne sais toujours pas si j'ai bien réagi, je n'ai toujours pas compris ce qu'elle avait.

Ou peut-être que si.

8 **soupirer** seufzen – 10 **un marasme** *ici* seelisches Tief – 13 **narguer** verspotten, herausfordern – 19 **recroquevillé (sur soi-même)** zusammengekrümmt – 20 **charrier** *ici :* schleppen – 21 **un flot** Flut, Fülle

Une foule bigarrée s'écoule du train. C'est ça que j'aime à Cham'. Les couleurs vives, les accents des gens, la passion commune pour la montagne.

Les Argentins sont cinq. La mine joviale, les sacs remplis, des envies plein la tête. Leila se régale à parler un espagnol parfait. Elle est douée pour les langues en plus de l'être pour le reste. Les lettres, l'histoire, la philo.

Cette fille m'ahurit.

Avec un peu de chance, elle continuera à vouloir de moi. Longtemps.

Nicolas, l'un des nouveaux venus, ressemble un peu à Antoine. Plus brun, plus râblé, mais les mêmes muscles. C'est drôle comme on reconnaît un grimpeur à ses muscles. Ils n'ont rien à voir avec ceux d'un haltérophile, qui force sur certaines zones. Chez nous, les hommes sont secs, leurs muscles sont longs, durs, habitués à forcer.

Il ne parle pas un mot de français, celui-là. Heureusement que Leila est là. On se comprend avec les rires, avec les gestes. Cool.

Avec les verres qui tintent et le plaisir d'être là, devant nos montagnes.

1 **bigarré** bunt gemischt – 4 **jovial** joyeux – 8 **ahurir qn** surprendre qn – 12 **râblé** stämmig – 14 **un haltérophile** Gewichtheber – 20 **tinter** klingen

Forcément, ils veulent faire le mont Blanc, comme tout le monde. Mais Arthur parvient vite à les convaincre. Ce sommet-là n'a pas grand intérêt. Ils se décident finalement pour la Verte. L'aiguille Verte est le plus majestueux de tous les sommets.

– C'est dur ? me chuchote Leila. Tu crois que je peux venir ?

Je secoue la tête. Impossible. Oui c'est dur, quelle que soit la voie. Et la descente est difficile elle aussi. Dans un murmure, je réponds :

– J'ai déjà tué mon meilleur ami, je ne vais pas continuer avec toi.

Arthur nous interrompt pour l'organisation concrète de la course. L'idée est de commencer par une petite balade d'approche, histoire de vérifier que tout le monde est bien capable de se lancer dans la Verte.

On se décide pour l'aiguille du Chardonnet avec l'éperon Migot, qui se fait à partir du refuge Albert 1er. C'est une course d'acclimatation technique qui devrait nous permettre de valider les acquis des Argentins.

Rendez-vous est donc pris pour le lendemain après-midi.

– Et t'inquiète de rien, me dit Arthur en me tapant sur l'épaule. J'ai confiance en toi, je sais que tu vas faire le job.

Je préfère lacer mes chaussures pour la deuxième fois – ne pas répondre, ne pas penser. Et surtout, surtout ne pas se projeter.

Leila insiste pour aller à la balade du lendemain. Après tout, pourquoi pas. On n'ira pas loin, puisqu'il s'agit juste de vérifier les capacités de Sandro, Nicolas, Pedro, Ivan et Daniel. Elle pourra toujours rentrer plus tôt, ou nous attendre au refuge.

Maman paraît heureuse de nous voir partir. Elle réserve les places (Chance, il reste des couchages !) et me tend un billet

7 **un murmure** le fait de parler à voix basse – 15 **un éperon** *ici :* Vorsprung – 17 **l'acclimatation** *f* **technique** une mise en forme, un entraînement – 17 **valider les acquis de qn** *mpl ici :* tester et s'assurer des compétences sportives de qn – 22 **lacer** zubinden – 24 **se projeter** *ici :* sich in eine zu kommende Situation versetzen

pour payer « les frais ». Ensuite, sans hésiter, elle prête du matos à Leila, qui n'en possède pas.

On se croirait presque revenus à un monde normal, deux jeunes qui se préparent pour une course dans le massif.

Je dors mal, un cri dans le vide me réveille toutes les deux minutes.

1 **les frais** *mpl* die Kosten – 1 **le matos** [matos] *fam* le matériel

Pour atteindre le refuge Albert 1er, on part du hameau du Tour et on marche sur une pente assez douce pendant deux bonnes heures. Promenade en compagnie de touristes équipés de simples baskets.

J'appréhende et j'apprécie en même temps.

Leila marche à un bon rythme, mais elle comprend vite qu'elle ne nous accompagnera pas pour la suite de la course, le lendemain. Il sera plus raisonnable de nous attendre tranquille au refuge.

Les Argentins discutent entre eux, s'amusent, se poussent de l'épaule, se courent après. Ils ne font attention à rien. Et si l'un d'eux dévalait la pente, hein ? Il vaudrait peut-être mieux s'encorder.

– T'affole pas, sourit Arthur. Ils ont l'habitude.

– Tu es responsable d'eux, quand même !

– Non. Techniquement, comme ils sont trop nombreux pour une cordée, on considère que ce sont des amis. On n'a pas signé de contrat, je ne suis pas leur guide.

– Mais ils te paient ?

– Disons qu'ils me dédommageront en fin de course.

Mmh. Le genre de nuance qui ne veut rien dire. En cas de problème, tu comprendras ton malheur.

« En cas de problème ». Je déteste cette formule.

Se fatiguer les jambes. Monter en altitude. Respirer. Gagner de la hauteur. Sentir son cœur battre. J'en avais tellement besoin !

La mer de neige, l'odeur grisante des sommets, les glaciers et la moraine, les fissures de la roche.

Et toujours cette impression de se sentir si petit. Et toujours cette impression d'immensité.

De bonheur à portée de main.

De froid qui fouette le visage.

1 **un °hameau** Weiler – 20 **dédommager** entschädigen – 26 **grisant** excitant – 31 **fouetter** peitschen

Leila marche maintenant à la vitesse d'un escargot de Bourgogne, habitué à de petites vallées pas trop pentues. Elle souffle et ahane en répétant « Je n'en peux plus ». Je finis par la pousser et lui promets qu'on arrivera bientôt.

– Tu mens, et je m'en veux de traîner autant. Je te jure que je fais tout ce que je peux. Mais ces chaussures-là, franchement…

Celles de ma mère. J'avoue que la pointure n'est pas parfaitement adaptée, on s'est dit que ça suffirait pour monter jusqu'au refuge Albert 1er.

– J'ai des tonnes d'ampoules, j'en suis sûre, soupire Leila.

– Surtout, n'enlève pas les godasses maintenant. Attends d'être arrivée. Et pense à ta journée de demain. Repos, repos et repos.

Elle hoche la tête, courageuse et silencieuse.

Les Argentins nous regardent en rigolant.

Enfin, nous voilà, ou presque.

Le glacier du Tour est là, si proche et si effrayant avec ses dents blanches et son volume dantesque.

Rien n'a bougé pendant mon absence de quelques semaines.

Je pose un caillou sur le cairn, la tour de pierres à laquelle chacun contribue au moment de son passage. Pendant ce temps, Arthur nous parle de son expérience à l'île de la Réunion. Il a aimé, passionnément. Le piton de la Fournaise, la sérénité des habitants, leur accent créole un peu traînant, la flore foisonnante.

Le refuge Albert 1er se dresse à flanc de montagne, avec sa base en pierre et son étage supérieur en bois foncé. Il a été rénové récemment. L'intérieur est moderne et agréable, maintenant. Bien loin de ces refuges vieillots où on est les uns sur les autres, où le mur, le sol et le plafond craquent de concert.

1 **un escargot de Bourgogne** Weinbergschnecke – 3 **ahaner** ächzen – 10 **une ampoule** *ici :* Blase – 11 **des godasses** *fpl fam* des chaussures – 16 **effrayant** qui fait peur – 22 **le piton de la Fournaise** volcan situé sur l'île de la Réunion – 22 **la sérénité** la tranquillité, la paix – 24 **foisonnant** très riche – 25 **un flanc** *ici :* Hang – 28 **vieillot** vieux – 29 **craquer** knarren – 29 **de concert** ensemble

Ici, Leila et moi aurons même droit à un lit deux places. Bon, c'est vrai que d'autres personnes dormiront au-dessus de nous, mais il est bon d'apprécier le faste au moment où il nous tombe dessus. La chambre sent le fauve ; on n'a pourtant pas beaucoup marché. Trois petites heures (pardon Leila, je sais combien c'était pénible pour toi). J'aime cette odeur, rappel des sensations fortes qui vont suivre.

Leila, les pieds à l'air, a comptabilisé sept ampoules. Elle ne parvient pas à apitoyer les montagnards qui sont ici, habitués à souffrir.

La salle commune est moderne, bois clair et poutres marron, murs dans les tons gris et glacier d'Argentière en ligne de mire, avec ses reflets bleutés. Quelques cordées tardives se détachent, glissant entre les séracs. J'ai du mal à détacher mes yeux de ce spectacle.

Leila se repère convenablement, maintenant. Elle nomme les sommets qui jaillissent autour de nous, majestueux et blancs : l'aiguille du Tour, la Verte et les Drus, les aiguilles Rouges. Je lui montre aussi l'aiguille du Chardonnet que nous allons atteindre demain, ainsi que la Grande Fourche.

Et je passe sous silence cette foutue aiguille d'Argentière, sur laquelle nous avons une vue imprenable.

Nos voisins de table, au dîner, en sont revenus il y a trois jours. Ils en discutent sans arrêt, parlent du côté « aérien » de la course. Ils estiment qu'elle est technique, d'accord, mais pas difficile. On sent leur désir d'avancer, d'aller plus loin, d'en accomplir toujours plus.

On résiste comment, à l'envie de vomir ?

Leila prend plaisir à parler avec les Argentins, mais aussi avec un couple d'Anglais. Dans un coin de la salle, je repère un ami

3 **le faste** le luxe – 4 **sentir le fauve** sentir mauvais – 9 **apitoyer qn** faire pitié à qn (Mitleid erregen) – 11 **une poutre** Balken – 12 **en ligne de mire** in der Visierlinie – 14 **un sérac** Eisturm, Eiszacke – 16 **se repérer** s'orienter – 16 **convenablement** bien – 22 **imprenable** *ici :* unverbaubar

de mon père, Émile Lachenaz. Il était présent pour l'enterrement d'Antoine. De loin, il m'adresse un clin d'œil. Je fais semblant de ne pas le voir ; pas la force.

Jusqu'à ce qu'il me touche l'épaule :

– Content que tu aies repris du service. Une course avec des copains ?

– Au Chardonnet. L'éperon Migot. Arthur et moi, on accompagne des amis argentins.

– Très bien. Bonne course. Moi, j'emmène un client aux aiguilles Dorées. Peut-être à demain.

Je n'aime pas cette formulation. Comment ça « peut-être » ? Parce que nous risquons de ne pas en revenir, ou parce que nous ne nous croiserons pas forcément ?

L'envie de vomir revient et je vais dormir avant les autres. Le soleil n'est pas encore couché.

Qu'est ce que je fais là ?

Quand le réveil sonne, forcément trop tôt, mon cœur bondit. 2h30. Je laisse Leila dans la chaleur de son duvet et je me prépare en silence. Bonne journée, on se retrouve ce soir. Normalement.

Dans la salle commune, ça piaille et ça râle. Dehors aussi ; une dizaine de cordées labourent le glacier du Tour. Les Argentins sont moins expansifs que la nuit dernière, plus pro, encore ensommeillés. Leur matériel est irréprochable et leur préparation, rapide.

En avant pour la marche d'approche dans la nuit, à la lueur des lampes. La nuit est calme, sans nuage. Le Chardonnet en impose. On suit la trace classique du col supérieur du Tour, pour ensuite bifurquer vers la base de l'éperon, à la droite du départ de l'arête Forbes. Une autre cordée s'enfonce vers là.

Au pied de la voie, tout paraît plus compliqué, comme toujours. De loin, on a l'impression que le rocher s'escaladera facilement, mais on s'aperçoit vite qu'il n'en sera rien.

On s'encorde. Je me force à calmer mon cœur, et réclame une vérification complète des nœuds et des mousquetons. Arthur décide de prendre trois Argentins avec lui. Je vais faire route avec les deux autres, Pedro et Nicolas. Deux silencieux qui portent un casque rouge sang.

Le début est délicat et technique. Heureusement, les piolets ancrent bien. Mais c'est long. La peur fait battre mon cœur plus vite qu'il ne devrait. Et la montée est longue, plus longue que je ne le croyais. Mes cuisses chauffent. J'aurais dû courir plus, ces dernières semaines.

Nous sommes équipés en sangles et coinceurs. Les Argentins suivent docilement les indications d'Arthur, qui traduit ses

2 **bondir** springen – 2 **un duvet** Schlafsack – 5 **piailler** *ici : fam* parler – 5 **râler** meckern – 6 **labourer (un lieu)** *ici : fig* wie Furchen aussehen – 7 **expansif** communicatif – 8 **ensommeillé** qui dort encore – 12 **en imposer** impressionner – 12 **un col** *ici :* Pass – 13 **bifurquer** tourner – 19 **un nœud** Knoten – 19 **un mousqueton** Karabinerhaken – 23 **délicat** *ici :* difficile – 23 **un piolet** Pickel – 26 **une cuisse** Schenkel – 28 **être équipé** ausgerüstet sein – 28 **une sangle** Spanngurt – 28 **un coinceur** *ici :* Klemmkeil – 29 **docilement** en obéissant

directives comme il peut. L'espagnol fluide de Leila nous manque.

J'avais oublié le goût de l'effort, cette sensation particulière d'en chier, d'en chier vraiment et pourtant d'aimer ça. Parce qu'on va au bout de soi-même.

La goulotte est raide, trop raide. Sûrement 50° en glace, avec de bonnes protections sur broche ou rocher. Je fabrique un relais au-dessus pour assurer mes compagnons, puis nous nous reposons quelques minutes. C'est la première fois que je passe une goulotte en glace pure.

Ensuite il y a une partie en couloir de neige, suspendu dans le vide.

– N'hésite pas, me lance Arthur. C'est assez court. Il suffit de se lancer, et on n'y pense plus.

Tu parles. Je n'arriverai pas à le passer en tête. Finalement, Nicolas, l'un des Argentins de ma cordée, prendra le relais pour cette partie-là. Les séracs de la face Nord sont impressionnants. L'arête est étroite, longue. Je me force à admirer la belle vue sur le bassin du Tour. Retrouver confiance et prendre plaisir à être ici, en haute montagne. Rappelle-toi, c'est ton monde, ta passion, ta vie.

Une fois ce passage derrière nous, je me sens mieux. Il ne reste plus qu'à escalader le dernier ressaut rocheux pour arriver au sommet. C'est physique, les mollets le sentent, et puis l'altitude reprend ses droits. On ne t'oublie pas, mignonne ; mais laisse-nous un peu de répit !

1 **fluide** *ici :* fließend – 4 **en chier** *fam* avoir des difficultés pour faire qc – 6 **une goulotte** *ici :* schmale Eisschlucht – 6 **raide** *ici :* steil – 7 **une broche** *ici :* Sicherungspunkt, der im Fels befestigt ist – 7 **un relais** *ici :* Stand – 8 **assurer** *ici :* sichern – 23 **un ressaut** Vorsprung – 24 **un mollet** Wade – 26 **un répit** une pause

Le sommet. Vue sur une mer de nuages à 360°, personne autour. J'avais oublié qu'en haut, on a le bonheur de se sentir incorporé à la montagne, d'en être partie prenante. On s'identifie à ces blocs de granit, on devient la glace, on appartient à l'air. Pureté des sensations, sentiment d'accomplissement.

On avale des fruits secs, des barres de céréales, on boit quelques gouttes, on s'évade et on profite.

Rien ne peut égaler ce ravissement, surtout quand le temps est aussi clair. Pas un nuage, le soleil est lumineux, presque trop chaud.

Mais après, il faut redescendre. Je n'avais pas idée que l'arête était si raide et si étroite. Tout à coup, la peur me domine, énorme, envahissante, incoercible. Dix fois, je vérifie que je suis bien encordé avec Pedro et Nicolas. J'aurais envie de m'enfuir en courant, trop de mal à résister.

En conséquence, je tiens absolument à partir en rappel. Tout sauf me retrouver face à la paroi, face au vide.

On a trop traîné, là-haut. Quand nous atteignons le glacier après un dernier rappel, la rimaye est plus difficile à passer. Les ponts de neige sont de la soupe molle. C'est dangereux et Arthur le sait. Il tâte le terrain, teste et tente le coup. On ne sait jamais si une crevasse ne va pas surgir de cette mollesse.

Je déteste les ponts de neige mous, si facilement traîtres. Il y a trop de risques ; la peur monte. Pedro et Nicolas ne semblent pas s'en rendre compte. Normal, ils ne connaissent pas le massif.

3 **incorporé** eingegliedert – 3 **être partie prenante de qc** participer à qc – 5 **un accomplissement** Verwirklichung, Erfüllung – 7 **s'évader** flüchten – 8 **égaler qc** *ici :* être aussi fort que qc – 8 **un ravissement** Entzücken – 13 **envahissant** *ici :* überwältigend – 13 **incoercible** qu'on ne peut pas arrêter – 16 **partir en rappel** *m* sich abseilen – 17 **une paroi** Felswand – 18 **atteindre** erreichen – 19 **une rimaye** Bergschrund, Randspalte eines Gletschers – 20 **mou** weich – 21 **tenter le coup** einen Versuch wagen – 22 **une crevasse** Gletscherspalte – 22 **la mollesse** → mou – 23 **traître** *ici :* dangereux

On rentre au refuge encore vivants. Leila nous y attend. On récupère nos affaires et on se dépêche pour attraper la dernière télécabine de la journée.

Leila nous dévisage.

– Vous avez changé, dit-elle avec un drôle de sourire. Plus… Plus vivants, peut-être.

Bizarrement, elle a sans doute raison. Le visage gorgé de soleil, de lumière et de sensations. On a vu ce qu'il y avait derrière les nuages. On a vu ce que l'homme quelquefois a cru voir.

Les Argentins ont bien assuré. Pas moi. C'était trop. Trop dur, trop long, trop technique. Trop vertigineux.

Je suis crevé et de très mauvaise humeur.

Faut-il vraiment se taper la Verte, après-demain ?

– T'inquiète, me rassure Arthur. Je t'ai trouvé génial.

Je le regarde. L'hypocrisie, il peut s'en passer.

7 **gorgé de** plein de – 10 **assurer** *ici :* être bon, se comporter comme un professionnel – 11 **vertigineux** Schwindel erregend – 12 **crevé** *fam* très fatigué – 13 **se taper qc** *fam* faire qc – 15 **l'hypocrisie** *f* Heuchelei

Je suis crevé quand on arrive à la maison. Crevé et de mauvaise humeur, mais je crois que je l'ai déjà dit. Simplement, ça ne s'est pas arrangé.

– Tu es content ? Vous êtes allés au bout ?

Je ne réponds pas. La porte de ma chambre claque, avec moi à l'intérieur. Leila et maman se regardent et commencent à discuter. Je les entends à travers les cloisons trop fines.

Leur discussion m'agace. Leila explique posément que la course s'est déroulée à merveille. Mais nerveusement, pour moi c'était compliqué, et blablabla. Du délire psychologique digne d'une discussion dans la queue de la caisse à Super U.

Où trouver la force de faire la Verte ? C'est une course difficile. Bien évidemment, elle est en bonne place sur la liste des courses en vue de l'examen probatoire d'aspirant-guide. Mais le jeu en vaut-il le piolet ?

S'il n'est plus question de se présenter un jour à cet examen, pourquoi risquer sa vie et se noircir la bile avec de l'alpinisme qui n'apporte pas d'autres satisfactions que la fatigue, la peur et la honte d'être médiocre ?

Je n'irai pas. Je n'irai pas.

Ou alors si j'y vais, c'est la dernière fois, uniquement parce que je me suis engagé auprès d'Arthur. Pour éviter de le mettre dans une position inconfortable.

Oui, voilà.

Je vais essayer de tenir bon encore une fois.

Deux petits jours de galère, et après je suis libéré.

8 **agacer qn** énerver qn – 8 **posément** calmement – 14 **le jeu n'en vaut pas la chandelle** *expr* es lohnt sich nicht (**une chandelle** Kerze), **un piolet** Pickel – 17 **la bile** Galle – 19 **médiocre** nul – 31 **la galère** une situation difficile

Libéré pour vivre ailleurs.

Où, je ne sais pas encore.

Peut-être à l'étranger. Je pourrais être moniteur d'escalade ou de canyoning à l'île de la Réunion. Là-bas, les sommets sont moins hauts. Moins de risque, moins de peur. De l'exotisme et de l'éloignement. Exactement ce dont j'ai besoin.

Il m'a donné envie, Arthur. Tout doit être plus facile, là-bas. On a toujours cette impression quand on regarde de loin. De près, la pente est plus raide, plus infranchissable.

Avec un peu de chance, les parents me donneront de quoi payer mon billet d'avion. Et si Leila m'accompagnait ? Il y a peut-être des hypokhâgnes, sur cette île. C'est la France, après tout.

Oui, il faudra que je lui en parle.

Liste de ce qu'une petite voix me murmure
(sans que je ne lui demande rien) :

- Reste à Cham' putain, combats tes peurs !
- Leila, tu sais très bien qu'elle ne viendra pas avec toi. Donc tu la laisses pourrir dans le parc de son lycée, c'est ce que tu veux ?
- Si tu te barres, c'est la grosse honte. Tout le monde saura que tu n'assumes pas. Et toi en premier lieu.
- La Verte, mec, tu en as toujours rêvé !

6 **l'éloignement** *m* → loin – 19 **pourrir** *ici :* verkümmern

Conséquences de la liste signée par cette sale petite voix :

- OK ok je ne reviens pas sur ma promesse.
  À moi la Verte ! Nicolas et Pedro n'en croiront pas leurs crampons.
- Hey, petite voix, tu ne pourrais pas rester polie ? Leila n'aime pas les gros mots. C'est une intellectuelle. Elle en sait beaucoup plus que toi, même si elle n'en fait pas étalage.
- Et si c'est trop dur à supporter d'aller là-haut ?

6 **un crampon** *ici :* Steigeisen – 9 **faire étalage de qc** montrer qc

Je m'endors avant de dîner, épuisé. Mauvaise idée : en pleine nuit, mon ventre gargouille tant qu'il me réveille.

Par terre, Leila est étendue, les yeux ouverts.

– Tu ne dors pas ? je lui chuchote.

– Non. Je réfléchissais…

Je m'approche d'elle et la prends dans mes bras. Mmh, qu'elle sent bon.

– Tu sais, je crois que je vais repartir, me dit-elle sans articuler.

– Où ? Chez tes parents ou à Lyon ? Mais on n'a plus le squat. On va faire comment ?

– « On » ne va rien faire. « Je » vais repartir, et toi tu resteras chez toi, là où sont les gens qui t'aiment. Tu ne t'en rends pas compte, mais ils t'aiment et ils te respectent. Je suis en trop, moi, dans cet univers.

Je la craignais, cette discussion ; je la sentais venir et j'en avais peur. Lentement, j'articule :

– Pas du tout ! Mes parents t'apprécient, ils me l'ont dit. Tu es la bienvenue, dans cette maison.

Elle ne répond pas, mais je sens qu'elle se ferme. S'enfuit à des kilomètres de moi, clôture son cerveau et son cœur. Je murmure, tel un appel au secours :

– J'ai besoin de toi, et tu le sais.

– Je ne crois pas. Plus maintenant. Tu es capable de te débrouiller sans moi.

Un temps. Les secondes s'écoulent lentement. J'enfouis ma tête dans ses cheveux.

– Tu veux aller où ?

– Voir ma sœur.

– Et j'ai le droit de t'accompagner ?

– Je ne sais pas, ce n'est pas une bonne idée à mon avis. Si mes parents apprennent, pour nous…

2 **gargouiller** gluckern – 15 **craindre qc** avoir peur de qc – 20 **clôturer** fermer

On se serre, on se tient chaud, on se retient l'un l'autre, on sèche les larmes qui coulent.

Mais on ne peut pas combler la crevasse qui se creuse.

Leila veut partir.

Et au fond de moi, je la comprends. Au matin, mieux vaut ne pas regarder par la fenêtre. Clarté blafarde et plafond nuageux très bas. Renseignements pris, la météo est pessimiste pour les trois prochains jours. Arthur appelle pour annuler la course.

– Au mieux, on remet ça à lundi prochain, mais il faudra vérifier l'état de la neige, avant. En fin de saison, c'est toujours plus difficile.

La déception se mêle au soulagement.

Reste à savoir comment remplacer ce temps grignoté sur la montagne.

6 **la clarté** Helle – 6 **blafard** bleich, fahl – 12 **un soulagement** Erleichterung

Elle s'en va, finalement. En milieu de matinée. Notre relation va se terminer aussi brutalement qu'elle a commencé. Je suis pelotonné sur mon lit tandis qu'elle emballe ses affaires.

– Pendant que je fais la Verte, tu peux travailler, aller à la médiathèque, lire les livres que tu n'as pas terminés. Tu n'es pas capable de m'attendre deux jours ?

– Bien sûr que si. Mais je ne crois pas que ce soit souhaitable. Tu as retrouvé ton cadre, ta structure, ta vie. À mon tour maintenant.

J'ai vraiment retrouvé tout ça ? Pas sûr du tout. Ma main tremble quand j'essaie d'attraper la sienne.

– Alors tu me quittes ?

– Mais non, je ne te quitte pas. On n'a pas besoin de mots aussi définitifs. De toute manière, on n'a jamais été « ensemble » au sens strict du terme. On s'est soutenus à un moment où on en avait besoin. Tu m'as rendu de grands services, tu m'as donné l'argent que tu as gagné ; d'ailleurs si tu veux le récupérer, dis-le moi.

– Mais non, pourquoi. C'est ton argent, maintenant. On a dit, rendez-vous dans dix ans.

Elle se colle contre moi, embrasse mes doigts un à un.

– On se reverra avant, peut-être. Mais nous ne sommes pas du même monde, au-delà des questions de religion ou d'habitudes. Je n'aime pas la montagne avec la même intensité que toi. Tu n'aimes pas la poésie avec la même sensibilité que moi.

– On n'a pas besoin de ça pour être ensemble. Et puis tu n'en sais rien, pour la poésie. À tes côtés, j'ai cru un instant que…

Elle secoue la tête, décidée. Elle ne changera pas d'avis. Sans doute a-t-elle raison ; elle doit retrouver sa vie.

Et je n'ai rien à lui offrir, aucun gage de ma sincérité !

Ou plutôt si.

3 **pelotonné** zusammengerollt – 3 **emballer** *ici :* packen – 31 **un gage** *ici :* une garantie

– Tiens, puisque tu pars, je vais te confier mon journal. Tu me le rendras quand on se reverra. De toute manière, je n'en ferai plus rien, maintenant.

Il me semble que c'est une bonne idée. On se tait quelques minutes, puis elle me dit d'une voix cassée :

– Je crois au lien qui s'est tissé entre nous ; je crois à la force des sentiments qui nous lient. Mais je crois aussi que nous avons besoin d'être seuls, de nous frotter à nous-mêmes. De creuser notre chemin, de tracer notre route.

Elle parle bien. « Tracer la route » pour un montagnard, c'est être en tête, se démener pour trouver le meilleur itinéraire, enfoncer ses chaussures dans la neige molle, et faciliter le passage des suivants.

Qui me suit, à part Leila ?

Pour qui m'enfoncer jusqu'aux genoux, pour qui accepter de trembler et de transpirer ?

Pour Antoine, peut-être.

Pour mes parents.

Pour le sang qui coule encore dans mes veines.

Pour prouver au monde que rien n'est fini, le monde continue à sourire. Au-delà des nuages, le soleil nous offre ses clins d'œil.

La seule solution pour garder Leila près de moi, c'est d'écrire dans ce journal encore quelques mots. Attends, oui je vais te le donner, mais je voudrais terminer ce que je suis en train de dire, aller au bout de mon idée. Oui Leila, je te pleure. Oui j'ai envie de te revoir et de cheminer avec toi. Mais je sais en même temps que tu as raison. La Verte, c'est ma bataille, ma vie. Tu n'as aucun attrait pour la montagne, ce que je peux comprendre, tes combats sont ailleurs.

J'y arriverai. Dans trois jours, dans un an ou dans dix ans, le temps de savoir qui je suis et de reprendre des forces. Le temps

5 **cassé** *ici :* rau, heiser – 6 **tisser un lien** *mpl* Freundschaft schließen; verbunden sein – 8 **se frotter** *ici :* se confronter – 11 **se démener** faire des efforts – 28 **un attrait** une attraction

de comprendre et apprécier les nuages pour ce qu'ils sont, des gouttes d'eau, des cristaux de glace, des masques qui ne tiennent pas.

Pas plus que la douleur.

Pendant que j'écris ces derniers mots, tu me tends un petit papier. Message d'espoir, brume qui se dissipe. Sourire et cheveux fous.

Leila, je te pleure. Et je te pleurerai encore. Qui peut dire pourquoi le ciel est plus bleu près de toi, pourquoi la montagne a plus de force ? Grâce à toi, je suis capable de regarder devant moi, au lieu de plonger à côté.

Ne me laisse pas, ne me laisse pas.

Même si je sais qu'au fond, tu as raison.

Et toi, tu vas où ?

> *On y arrivera.*
> *Parce qu'on regarde dans la même direction.*
> *Et qu'on est ensemble. Malgré tout.*
> *Derrière les nuages, il y a assez de place pour se glisser au chaud… et s'y retrouver* !
>
> *Leila*

6 **la brume** Nebel – 6 **se dissiper** disparaître peu à peu

Voilà, nous nous sommes donc retrouvés le 12 août, dix ans plus tard. 19h49, à Lyon. Il me semble qu'il est important de vous raconter ces retrouvailles.

Il était à l'heure. Dans sa main, celle d'une petite fille de deux ou trois ans, regard pétillant et heureuse de vivre.

– Leila ! s'est-il exclamé en m'apercevant. Tu es encore plus belle que dans mon souvenir.

Je l'ai dévisagé. Il avait le visage halé de ceux qui abusent du soleil, de l'altitude, de la montagne. De minuscules rides avaient déjà fait leur apparition au coin de ses yeux. Il était radieux, mais je n'ai pas su comment lui dire.

– J'avais hâte de te revoir, raconte-moi.

Il n'y avait pas grand-chose à dire. Les études, le travail. Je suis maintenant éditrice dans un grand groupe et je travaille à Paris. Plus de contact avec mes parents ; j'ai seulement gardé un lien avec ma sœur Malika.

– Et tu vis avec quelqu'un, tu as des enfants ?

Non, sûrement pas. Je garde ma liberté, et j'y tiens. Pas de voile, pas de concessions.

– Tu es heureuse ? m'a-t-il alors demandé.

J'ai souri en évacuant une réponse trop franche. À ce moment-là, sa fille s'est collée contre ses genoux.

– Papa, on y va ? J'en ai marre.

On est allés au parc, et pendant que la petite s'amusait, on a continué à discuter.

– J'habite à Saint-Louis, à la Réunion.

– Ah bon, tu y es allé, finalement ?

– Pas tout de suite. Je suis resté quatre ans à Chamonix, le temps de passer le concours d'aspirant-guide. Tu vois, finalement tu avais raison, j'ai repris le fil de ma vie. Mais quelque chose s'était

9 **une ride** Falte – 10 **être radieux** strahlen – 12 **avoir hâte de faire qc** es eilig haben etw zu tun – 19 **une concession** Zugeständnis

cassé. J'avais encore besoin de voir ailleurs. Alors sitôt mon diplôme en poche, j'ai filé à la Réunion. Il y a de quoi travailler, là-bas. Escalade, canyoning, moyenne montagne. J'ai rencontré celle qui est devenue ma femme, et voilà. Nous avons une petite fille, Avana.

– Comment dis-tu ?

– Avana, ça veut dire « Arc-en-ciel ». Et on attend un deuxième bébé pour le mois d'octobre. C'est pour ça que ma femme n'a pas pu venir en métropole, sa grossesse est trop avancée. Dommage, je te l'aurais volontiers présentée, je suis sûr qu'elle te plairait.

On s'est tus. Dix ans de vie résumés en dix secondes.

– Tout ce temps, a-t-il ajouté, j'ai beaucoup pensé à toi. À ta force, à ton sourire, à tes combats. Je me disais que, si tu étais devenue prof, ma fille aurait peut-être la chance de t'avoir. Et ça me réchauffait le cœur.

J'ai hoché la tête. À moi aussi, il avait été précieux. Un soutien quand je m'égarais.

On s'est pris la main, c'était doux, sans aucune ambiguïté. Je ne savais pas qu'on pouvait se transmettre dix ans d'énergie en un effleurement.

J'ai ouvert mon sac à main, sorti mon portefeuille et rédigé un chèque. Le même montant que celui qu'il m'avait donné, au centime près. Notre premier salaire chez Bato. Il l'a empoché avec un sourire.

– Je le prends. Pour le principe, il a dit.

Je lui ai alors tendu son cahier.

– Ton journal, j'ai dit.

Il l'a regardé sans le toucher, du bout des yeux. Lentement, il a fait un signe négatif de la tête.

1 **se casser** sich brechen – 9 **une grossesse** Schwangerschaft – 17 **s'égarer** se perdre – 18 **une ambiguïté** Zwei-/Mehrdeutigkeit – 20 **un effleurement** le fait de toucher qn / qc très légèrement – 23 **empocher qc** mettre qc dans sa poche

– Si tu n'en veux pas, je peux le lire ? Tu sais, je n'y ai pas jeté un regard, pendant ces dix ans.

– Tu en fais ce que tu veux, m'a-t-il dit. Pour moi, c'est de l'histoire ancienne.

Je l'ai replacé dans mon sac. Et on s'est regardés, les souvenirs refluaient, je ne savais pas s'il fallait les repousser ou les accueillir. Avana s'est approchée en courant aussi vite que ses petites jambes le lui permettaient. Elle frottait ses mains pleines de sable et regardait le ciel d'un bleu parfait.

– Y a pas de montagne, ici, a-t-elle dit. C'est pas beau. Mais tant pis, je m'amuse bien.

Elle a éclaté de rire et on l'a accompagnée vers le toboggan. Un petit vent a adouci l'atmosphère. Je n'étais pas revenue à Lyon depuis huit ans, depuis la fin de ma khâgne. La ville était différente, et pourtant si semblable.

La preuve est là. Derrière les nuages, on peut dessiner des soleils. Et vivre dans le paysage qu'on a esquissé. Apprendre à voler et créer des arcs-en-ciel.

Leila

6 **refluer** revenir – 12 **un toboggan** Rutsche – 18 **un arc-en-ciel** Regenbogen

© Laure Salamon

Pascale Perrier

Avant d'être happée par l'écriture et d'en faire son métier, Pascale Perrier a été documentaliste en collège et en lycée. Pour elle, écrire, c'est voyager dans des contrées inconnues ou oubliées depuis longtemps. Au rythme de ses envies, elle écrit des histoires qui bougent, gaies et enlevées, ou pleines de suspense et d'aventure, mais toujours des histoires dans lesquelles on se retrouve.
Elle a publié plus d'une soixantaine de romans pour la jeunesse notamment chez Oskar, Nathan ou Rageot, et reçu plusieurs prix.

Liste des abréviations

≠	antonyme de
→	mot de la même famille
etw	etwas
expr	expression
f	féminin
fam	familier
fpl	féminin pluriel
jdm	jemandem
jdn	jemanden
m	masculin
mpl	masculin pluriel
qc	quelque chose
qn	quelqu'un
vulg	vulgaire